SÍ, QUEREMOS PAN, PERO TAMBIÉN ROSAS

Andrea Ray Heredero. 2023.

En marzo de 1909, miles de trabajadoras se manifestaron en Nueva York exigiendo mejores condiciones laborales, salarios justos y jornadas más cortas, es decir, pidieron PAN. Pero, además pelearon por una vida feliz, alegre y plena, ROSAS. Han pasado ya más 100 años y seguimos queriendo pan, pero también rosas.

Andrea Ray Heredero presenta un nuevo libro reflejando su coraje y valentía a la hora de exponer los temas. Directo y creíble, mirando cara a cara al lector para generar controversia y debate. Rompiendo la superficie para profundizar y diseccionar las polémicas.

Este autor ya ha publicado otros libros de diferente índole, confirmándole en un presente prometedor y generando, probablemente, más detractores que seguidores. No hay término medio. Tú decides en qué bando te sitúas.

Otros libros del autor.

Reflexiones sobre el silencio.

Veinte desafíos sobre los que actuar ya.

No sé lo que quiero ser y otros relatos.

Reflexiones sobre el Juego del Calamar.

Reflexiones sobre la felicidad.

Messi, campeón mundial.

"El que busca la verdad, corre el riesgo de encontrarla"

Manuel Vicent.

"No es que me hayas mentido.., que ya no pueda creerte, eso me aterra."

Friedrich Nietzsche

"Valentía, coraje y nobleza"

Principios básicos sobre los que se sustenta el Rayo Vallecano.

"A muerte por la vida y la belleza de las cosas. Es por ello que luchamos, por el pan y por las rosas"

Los Chikos del Maíz. Pan y Rosas.

EMPECEMOS

Gracias por darte un paseo por este libro.

Debe quedarte claro desde el principio, perdona que te tutee, que este texto expresa posicionamientos valientes, da la cara y habla sobre temas concretos con opiniones definidas y directas. Probablemente no estés de acuerdo con mucho de lo que aquí está escrito, pero no verás dobleces o medias verdades. Eso te lo puedo prometer.

Hablo sobre nuestra sociedad, nuestros sueños y arrepentimientos, sobre mentiras y falsedades. Celebro acciones o situaciones que creo realzan el espíritu humano y ayudan a vivir en este mundo. También critico con ferocidad situaciones que me hacen daño y de las que necesito expresar mi opinión. Con nombres y apellidos, abriéndome en canal, para expresar mi parecer.

Nuevamente gracias por dar una oportunidad a este libro. Espero que te guste y te pueda remover alguna sensación personal.

Si así lo deseas, te invito a generar alguna reseña, ojalá positiva, para ayudar a otros posibles lectores. Buen viaje.

TEMAS TRATADOS

CASAS DE APUESTAS

Veamos, creo que la teoría todos la conocemos. El debate empieza cuando tratamos de profundizar un poco más. Quizá, no somos tan libres como queremos creer. Empecemos a jugar, aunque sepamos que vamos perder.

Es obvio que la libertad que disfrutamos para tomar nuestras decisiones es necesaria para poder desarrollarnos como personas. Ejercerla nos hace sentirnos humanos y crecer. El entorno, las posibilidades de elección, la información o nuestra experiencia, nos ayudarán a poder ejercer esa "libertad" que a veces no es tan amplia como pensamos.

Esa libertad se convierte en utopía cuando las corporaciones mundiales tratan de aprovechar la debilidad humana. No somos seres perfectos, tenemos muchos defectos. Vivimos con limitaciones físicas y mentales, sentimos presión por triunfar, competimos entre nosotros por alcanzar un bienestar soñado, nos difuminamos entre el alcohol o las drogas, nos venden el triunfo sin esfuerzo... de todo esto tratan las casas de apuestas. Anuncios de personas sonrientes, levantando los brazos como ganadores absolutos, cheques con cifras astronómicas, chicas guapas que acompañan a personas que se parecen a ti. Todo es humo, mentira, manipulación y engaño.

Las casas de apuestas obtienen tu dinero vendiendo promesas que ellos bien saben no se van a cumplir. Como un hámster que gira en su rueda infinita, tus apuestas no pararán hasta perderlo todo. Cuando aciertas tu apuesta, la cifra inicial asciende en un pequeño porcentaje. Lo peor es que te sientes invencible, se genera en ti una sensación de triunfo, te ves más inteligente que lo demás porque tú consigues ganar dinero con un esfuerzo mínimo. Y ganas y vuelves a ganar y te auto justificas diciendo que entiendes y dominas las apuestas. Para ti es realmente un juego de niños. Y poco a poco vas entrando en la espiral de avaricia y ambición que estas empresas persiguen. Porque todos sabemos que finalmente vas a perder y lo vas a perder todo. Y por desgracia, no te dirás a ti mismo lo tonto que has sido, no, tranquilamente hablarás de mala suerte y de un resultado injusto que nadie podía prever. Tú siempre ganas porque eres el más listo y cuando pierdes, siempre ocurre por razonas ajenas a ti que impidieron tu habitual triunfo. Es ridículo y todos sabemos que funciona así, especialmente estas empresas que buscan a sus clientes ideales.

Cuanta más formación y control tengas menos caerás en estas redes de juego. Ellos también lo saben y por ello ubican sus casas de apuestas en barrios marginales o cerca de institutos. Chavales que van a entrar fácilmente a las apuestas, especialmente si son deportivas, porque pasan el día hablando de deportes y creen poder predecir los resultados. Igualmente, en barrios excluidos donde la desesperanza habita entre el alcohol y las drogas y el juego no deja de ser otra de las patas que impiden progresar a estas personas.

Luego vemos futbolistas, presentadores o actores que por unos buenos ingresos en su cuenta permiten ser utilizados para promocionar estas apuestas. Salen en anuncios eufóricos, siempre ganando, prometiendo más emoción y diversión. Mentiras que no entiendo cómo no les hacen sentirse despreciables a ellos mismos. No son ignorantes y lo que ocurre es que prefieren mirar a otro lado. Cuando el resultado final de estas apuestas sean los robos, adiciones o suicidio no les oirás decir que ellos han ayudado a que esto ocurra. Tampoco asumirán su responsabilidad los grandes equipos de fútbol que engrosan fuertes cantidades por publicitar estas casas físicas u online. Los políticos de turno que han concedido los permisos para ubicar estos locales de apuestas favoreciendo a sus "empresarios de confianza" tampoco reconocerán culpa alguna. Todos responsables al aprovecharse de la miseria humana, pero consecuencias que quedarán tapadas como muchas otras.

Mientras, seguiremos viendo publicidad para jugar también al póker online. Cierra los ojos y dime que ves en esa publicidad. Seguramente salgan personas felices en bonitos trajes, mujeres exuberantes de ropa brillante, coches lujosos tipo Ferrari o Maserati y ubicaciones paradisiacas en Mónaco o Las Vegas. Todas burdas mentiras que aun así nos creemos y pensamos que alguna vez vamos a poseer. Esa parte estúpida e irracional del ser humano es el caldo de cultivo que estas empresas aprovechan para cazarnos y dejarnos sin dinero. Un cuento del que todos sabemos su triste final y sin embargo seguimos leyendo una y otra vez. Adiciones y ludopatía que impiden al enfermo poder desarrollar una vida plena.

Las cifras hablan de más de un 10% de menores de 18 años jugando con dinero online y más de un 20% con dinero físico. Y los organismos que estudian estos comportamientos de los chavales con el juego son los mismos que lo relacionan directamente con el consumo de drogas. Son dos hermanos gemelos que suelen cohabitar. No parece que sean mundos antagónicos, por desgracia. Y a pesar de conocerse perfectamente esta situación, nadie decide ir en contra. La razón, se gana mucho dinero y por tanto hay para repartir. Un negocio muy lucrativo que tapa las vergonzosas consecuencias que sufren muchos de sus jugadores. La libertad de ejercer una actividad económica "legal" frente a la libertad de acabar arruinando tu vida y la de tus seres queridos. Un conflicto de libertades que todos sabemos cómo finaliza.

Publicidades súper agresivas, con grandes descuentos y promociones por darse de alta en las aplicaciones. Facilidad para que los menores puedan participar con los datos del padre o del hermano debido al mínimo control existente. Las Unidades de Juego de varios hospitales europeos ligan las edades tempranas en el juego con el desarrollo a la adición y ludopatía. Esto debería ser suficiente para prohibirlo, pero por el contrario las empresas del juego lo saben y por eso ubican sus centros cerca de escuelas y lo publicitan con los ídolos de estos jóvenes. Todo es tan obvio que da asco que se permita. Si alguien levanta la voz en contra de esta situación será callado con la excusa de la libertad individual y el negocio millonario seguirá girando hasta que no quede a nadie por engañar.

En la mano de todos nosotros está el minimizar el juego y limitar los efectos nocivos de estos locales de apuestas. Sirvan al menos estas líneas para manifestar mi absoluto rechazo a este negocio miserable.

A FAVOR DE LA MIRADA LIMPIA

Vivimos en una sociedad que continuamente nos hace compararnos con los demás y competir para ser el mejor. Ese análisis suele hacerse en público y a viva voz y el resultado quedará marcado en ti a modo de tatuaje. Dónde vivo, cuál es mi trabajo, mis hobbies, la cantidad de ceros de mi cuenta corriente, vacaciones, escuelas de mis hijos, belleza de mi mujer o segundas residencias. Una macedonia de variables objetivas que te convertirán a ojos de los demás en un triunfador o no. De hecho, uno mismo se sentirá satisfecho de ese examen personal si obtiene la aprobación de los demás. De alguna manera, dejamos nuestra autenticidad personal en manos de los demás, que, a modo de tribunal, condenan o aplauden nuestra propia existencia. Por eso hacemos tantas estupideces, necesitamos la aprobación exterior.

Por suerte para nuestra sociedad, no todos actuamos de la misma manera. Existen personas, a las que va dedicado este capítulo, que actúan y viven sin necesidad de aceptar el análisis superficial de los demás. Son personas fieles a sus principios, con aciertos o errores, que tienen claro que su proceder va a ser limpio y leal consigo mismo. Su ego es pequeño, prácticamente inexistente, y esto les permite avanzar y crecer sin mirar atrás. No les importa en demasía la opinión de los demás y no buscan el aplauso o el reconocimiento fácil.

¿Acaso no todos conocemos personas en nuestra familia o trabajo que ayudan, se comprometen y trabajan por el bien común y por sus principios? Colaboran en todo lo que se les pide, siempre tienen tiempo para ayudar a los demás, su fatiga queda sobrepasada por sus ganas de avanzar y, finalmente, cuando toca premiar y aplaudir el resultado final, desaparecen de la escena pública, se esconden y dejan que sean otros los que reciban las palmadas y reconocimientos. Son humildes y su objetivo es ayudar a las causas que persiguen, normalmente nobles y éticas. No saben lo que es poner zancadillas, trepar a costa de los demás, engañar o mentir para mejorar sus condiciones... por contra hablan bajo, trabajan, no suelen quejarse y agradecen lo que alguien pueda hacer por ellos.

Personas que no levantan la voz ni son populares. De hecho, casi siempre pasan desapercibidas, escondidas entre el ruido y lo superficial. Sus obligaciones las asumen con coraje y sacrificio y una vez acabadas siguen ayudando hasta desfallecer.

Según escribo estas palabras, me acuerdo de las abuelas que con achaques, mala vista, cansancio y dificultades sonríen cuando te ven y te tratan como si fueras un ministro... y yo, de pequeño, me veo a mí mismo, dejándome querer e incluso aprovechándome de ellas, buscando mi beneficio personal de forma egoísta.

¿No es acaso cómico y desalentador cuando ves a los líderes políticos darse codazos por salir en pantalla o por captar algún minuto en televisión para lanzar sus soflamas? Igualmente, ¿cuántas veces en tu trabajo has visto como jefes o compañeros sin escrúpulos, trataban de ocupar los focos, recibiendo agradecimientos por trabajos en los que ellos apenas habían actuado? Y qué ha ocurrido con los auténticos responsables de esos logros y esfuerzos... normalmente los verás en la última fila de las fotos en grupo, sin levantar los pies, apenas mostrando una leve sonrisa, aceptando su transparencia e irrelevancia, pero probablemente sintiéndose orgullosos de sí mismos por haber cumplido con su deber. Héroes anónimos que son los que realmente hacen mover esta sociedad.

Tan sólo debemos prestar un poco de atención en nuestro entorno, amigos o familia para reconocerles, porque están ahí. Una vez detectados, es un verdadero placer observarles sin que ellos o ellas se den cuenta. Los verás trabajar, ayudar y compartir y te sentirás muy orgulloso de ellas. No podemos permitirnos el lujo de seguir con nuestra vida personal egocéntrica y rápida, que nos impide darnos cuenta de todas esas personas que te mejoran la vida sin pedir nada a cambio.

Verlas, tocarlas y darles las gracias será para ellos la mejor recompensa que puedas hacer. Sirvan estas líneas de pequeño homenaje a tod@s los que de manera silenciosa son buenas personas y mejoran la vida de los afortunados que pueden compartirla con ellos. Tenemos mucho que aprender de ellas.

LA POLÍTICA DE LAS PALABRAS

Cada vez sufro más al comprobar cómo las grandes decisiones que afectan a nuestra vida se deciden en conversaciones interesadas, manipuladas y superficiales. Veo cómo la política se ha convertido en un show vendido a los medios de comunicación. Al político no le importa su ética o su aportación al bien común, sino que, apoyado por los medios, ansía su minuto de gloria con frases tan bellas como vacías de contenido para lograr su pico de fama regado de aplausos de sus seguidores. Aparecer en los medios para lograr impacto y así, poder seguir perpetuándose.

No importa de qué partido hablamos o de qué corriente ideológica. Es igual que oigamos sus palabras en mítines, en los ayuntamientos o en el propio Congreso o Senado. Siempre es igual. Frases que no recogen lo concreto y se pierden en la inmensidad de la interpretación. Generalizaciones sobre la libertad, el empleo, el apoyo a la Sanidad o a la Justicia, la defensa de los valores constitucionales o la crítica a la corrupción. Todo sin entrar en los detalles. De tal manera que tu seguidor interpretará esas palabras en beneficio propio y defenderá tu gestión. Por el contrario, el opuesto, hablará de manipulación y llevará sus palabras a la postura contraria que defienden. Es igual, mismas palabras, pero interpretaciones diferentes.

Si tu político favorito dice *"lucharé con todas mis fuerzas por mejorar el empleo de este país"*, realmente no ha dicho nada, no se ha comprometido a nada y no ha dado ni una solución concreta. Su seguidor aplaudirá está intervención haciéndose una película mental que dista mucho de la realidad. Por el contrario, la oposición hablará de contenido vacío, promesas superficiales y cantos de sirena. Todos tienen razón y el político seguirá tratando los temas sin concreción alguna.

¿Verdad que no te imaginas que el mundo se gobernara así? La vida funciona de otra manera y la concreción es necesaria. Tú debes saber a qué hora empiezan las clases, o cuál es tu presupuesto exacto o en qué fecha vas a coger tus vacaciones. Tus "promesas electorales" ante tu familia o amigos son concretas. Si te piden un favor es por algo exacto y no interpretable. Si trabajas en una empresa usarás la aplicación Excel continuamente porque necesitas llegar a la cifra exacta, no a la aproximada. Así es la vida real, necesitamos concreción.

Cuando un político habla de defender la Sanidad no dice nada. Si habla de comprometer sus esfuerzos por garantizar el bienestar de los jubilados tampoco está diciendo nada. Todo es humo y debemos verlo así. Las promesas que se hacen en las campañas electorales no comprometen a nada y mueren sin que los ciudadanos exijamos su cumplimiento. Todo se polariza para evitar hablar de lo concreto. Si no apoyas mi postura significa que estás en contra. Ya no existe la figura del electorado crítico con tu propio partido. Si así lo haces, rápidamente eres tachado de traidor y defensor del contrario.

La solución sería muy fácil. Si se plantearan para todos los candidatos preguntas concretas, definidas y sin posibles interpretaciones, la postura de los partidos políticos sería clara y definida.

¿Te comprometes a que el 6.8% del presupuesto de la Comunidad se gaste en ayuda a la Escuela Pública?

¿Qué % de subida aplicarás a las pensiones el próximo año?

¿Qué aportación económica darás a los jóvenes para ayudarles en su acceso a la vivienda? Importes y tramos de edad.

Estas y otras muchas, son preguntas concretas que deben resolverse y cuantas más preguntas haya, más sabremos de la opinión real de los políticos. Muchas veces lo que dicen verbalmente, no tiene nada que ver con las leyes que luego aprueban. La generalización y la mentira como modelo político.

Ocurre, por ejemplo, ahora, con la Primera Ley de Vivienda en España. En esta Ley se tratan infinidad de temas, propuestas y modificaciones, cambios y oportunidades. Sin embargo, los medios de comunicación y los partidos contrarios a la Ley, sólo se centran en el tema de las "*Okupaciones*". Las estadísticas oficiales lo consideran un desafío menor, que afecta a pocas personas y que no va en aumento. Sin embargo, si se habla de esa Ley, sólo se habla de las "*okupaciones*". ¿Por qué? La respuesta es obvia, a los políticos no les interesa debatir temas que limiten la subida de precios, la precariedad de los alquileres o los abusos que impiden el acceso a la vivienda a muchas personas. No se quiere hablar de los desahucios a personas sin recursos o los Grupos empresariales y Fondos de Inversión que dominan la cartera de viviendas e imponen sus precios. No interesa debatir por qué los centros de las ciudades están pasando a ser centros de viviendas vacacionales o por qué en muchas zonas los trabajadores no pueden acceder a trabajos demandados porque no hay vivienda en alquiler. Ni se quiere hablar de que la vivienda pública en España está a la cola de Europa, en el puesto 18 con apenas un 2,5% de este tipo de vivienda. Países Bajos, Austria o Dinamarca tienen entre un 20% y un 30%. De esto apenas oirás hablar porque el centro derecha, los empresarios y sus medios de comunicación pretenden seguir dominando el mercado y lucrarse a costa de personas con menos recursos. De esto debería hablarse en la Primera Ley de Vivienda tras la Dictadura, pero no, día tras día verás cómo se hablan de ocupaciones, leerás entrevistas a vecinos con ese problema y entre noticia y noticia la publicidad de empresas de seguridad en hogares ayudarán a hacer crecer estos negocios. España, una de los países con menos robos por hogar, pero, sin embargo, en los que más se contratan alarmas y vigilancia. Publicidad, medios de comunicación y humo que consigue tapar la realidad y hacer sólo destacar aquellos puntos que interesa al dirigente y al empresario. Triste y real y así siempre, independientemente de quién gobierne o de qué Ley estemos hablando.

¿Acaso es razonable comprobar que toda una campaña electoral gira sobre "Libertad o Socialismo"? Dónde quedan los debates, las propuestas o el control real a lo realizado durante los mandatos. Todo es una cortina de humo para no hablar de lo que realmente nos afecta e importa. Mientras la vida pasa, discutes en tertulias sobre qué es el término Libertad o sobre bolcheviques o sobre liberalismo económico..., y mientras, las escuelas públicas donde van tus hijos son barracones prefabricados y la inversión en Educación va a centros privados y concertados que necesitan cubrir de la lluvia sus campos de entrenamiento... o directamente, se entregan suelos públicos para construir nuevas escuelas católicas en vez de mejorar las ya existentes en una situación subyacente de baja natalidad y por tanto menor número futuro de alumnado.

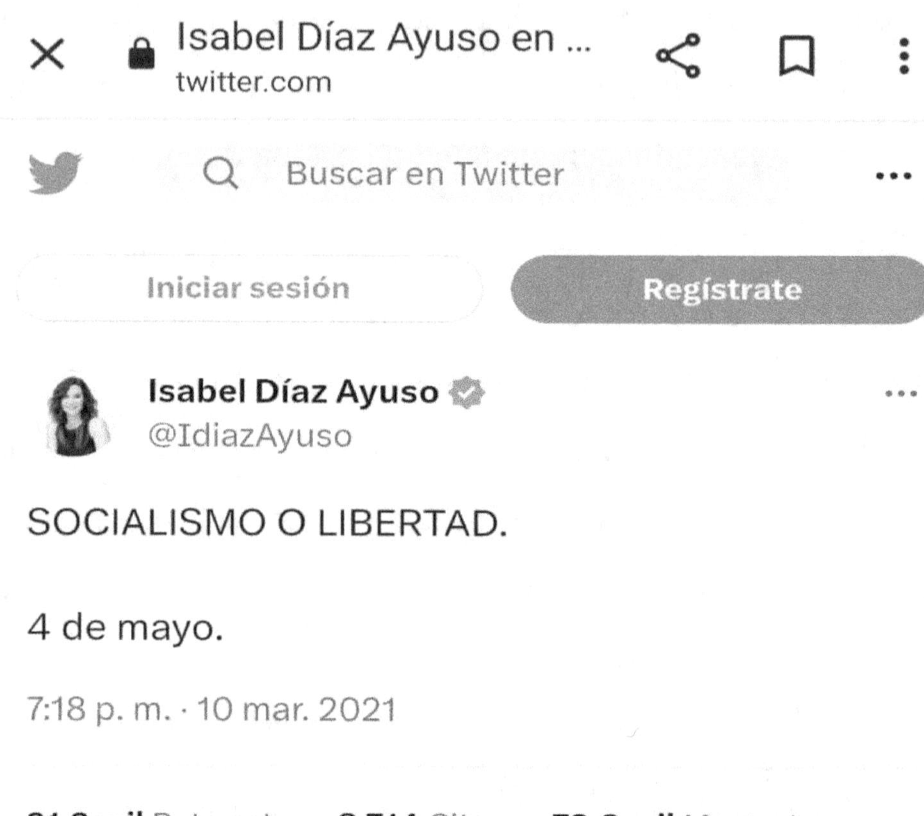

Hoy se debate sobre qué es justicia social y mientras, los micrófonos de los tertulianos opinan acerca de esta definición. Tiempos actuales de medios de comunicación que bailan al son del creador de contenidos del partido político de turno. Y mientras, no te dicen por qué se construyeron y dotaron de medios varias plantas de hospitales que ahora se decide no abrir por faltar presupuesto. Dinero público para constructores, pero no para que sea usado por los ciudadanos. Mucho mejor dar esas partidas económicas a la Sanidad Privada para que siga creciendo a base de empeorar las condiciones de la Pública. Al final, llegará el día que estará tan empeorada la Sanidad Pública y los tiempos de espera serán tan largos, que nadie acudirá y en silencio se dejará morir estos derechos públicos que tanto costó conseguir. El futuro es fácil verlo, todo va paso a paso dirigido hacia la Sanidad Norteamericana. Seguros carísimos y atención al que puede pagarla. El resto, en silencio, sin medios y fotos, muriendo en casa por no poder afrontar enfermedades como pueda ser un cáncer. Triste que vayamos a ese destino y ni siquiera se hable de ello. Os recomiendo ver los documentales de Michael Moore sobre varios temas, uno de ellos analizando la realidad de la sanidad americana.

Por eso hablo en este capítulo de las palabras en la política. Ningún político reconocerá que vamos hacia privatizaciones y pérdida de lo público. En Sanidad, en Educación, en medios de transporte, Vivienda, Industria o cualquier ámbito económico sobre el que quieras pensar. Grupos económicos cada vez más grandes que manejan al autónomo o pequeño empresario a su antojo. No hace falta extenderse en este punto, pero se ve cómo los supermercados y grandes distribuidores se están cargando la Agricultura y Ganadería. Dominan el mercado de distribución y venta y marcan los precios de la leche, trigo, frutales o cualquier producto que puedas imaginar. Una muerte lenta que todos vemos y que luego lamentamos con la famosa "España vacía". Pero si algún colectivo propone medidas de control y precios mínimos regulables, en seguida desde los medios, surgen hordas de panderos hablando de la santísima libertad de mercado, no al intervencionismo y demás "palabras" que vuelven a enfangar el debate y se vuelve a debatir sobre la libertad de mercado y demás temas generalistas, mientras el ganadero ve como la leche que vende está por debajo de sus costes y nadie hace nada. Si buscas soluciones comunes te tildarán de comunista bolivariano... y ahí acabará la discusión.

Las palabras no son inofensivas, tienen ideología y existe una batalla actual descarnada por incluir las definiciones que ciertos grupos de presión tratan de imponer, para blanquear los términos y diluir los problemas. Un ejemplo claro es la violencia de género o quizá mejor, violencia machista. Tras siglos de olvido y permisividad injustificada, por fin, parece que como sociedad aceptamos que existe una violencia que el hombre ha ejercido, y sigue haciéndolo, sobre la mujer. De tipo físico, psicológico, sexual o institucional. Una sociedad patriarcal que trata de mantener el privilegio del hombre sobre la mujer. Por suerte, mucha parte de la sociedad nos hemos levantado para luchar contra esta lacra. Estas líneas van en esa línea de pelear contra la violencia machista. Sin embargo, cuando parece que la sociedad ha llegado a un punto de acuerdo común, surge la ultraderecha para volvernos a llevar al pasado. Ellos no quieren que hablemos de ello y tratan de imponer sus términos "violencia intrafamiliar" o "violencia en general" para así meter todo en el mismo saco, sin diferenciar, sin admitir que existe esta violencia concreta ejercida contra las mujeres... Ya sabemos que cuando usamos la generalización perdemos la puntería y el detalle, confundimos el análisis concreto y la posibilidad de tomar actuaciones precisas.

Generalizar es ir hacia el olvido, en este caso de la violencia de género. Como en otros casos, afines partidos de la derecha o medios de comunicación cercanos, entran al juego y blanquean esta inasumible lacra. Decepcionante, pero seguiremos luchando contra la violencia machista.

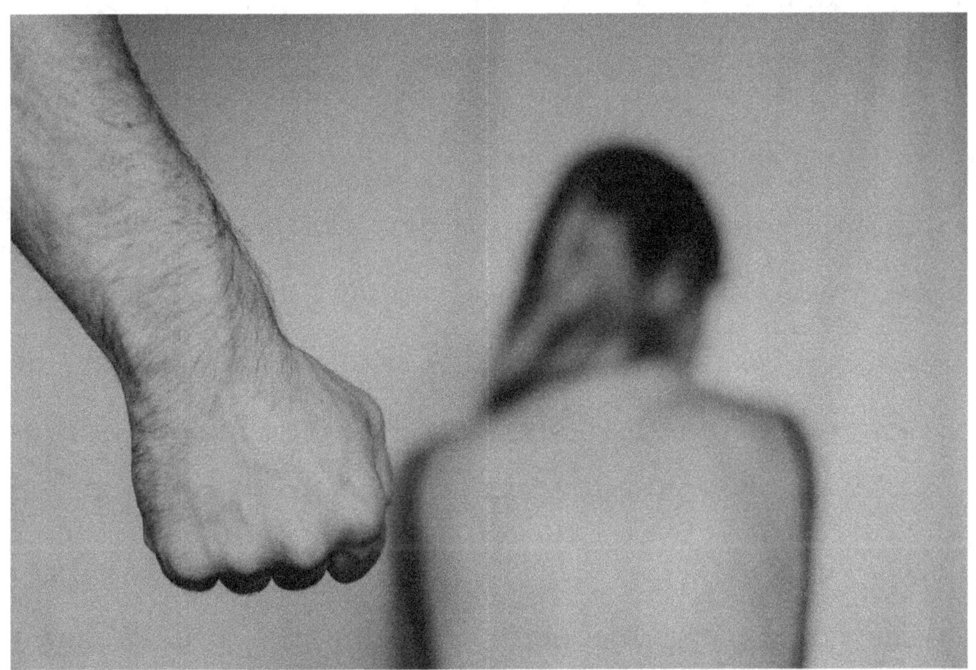

Es, cuanto menos curioso, comprobar cómo la derecha y ultraderecha nunca tuvieron problemas en aceptar y combatir la violencia del grupo terrorista ETA como algo especial, con leyes ajustadas al problema que generaba e incluso con Tribunales específicos para su control, como la Audiencia Nacional. ¿Alguna vez oíste a los grupos de derecha y medios afines quejarse por diferenciar esta violencia? Todo lo contrario, siempre aplaudieron esta diferenciación. Parece normal que, ante un tipo de violencia específica y concreta, se usen medios especiales y únicos.

Todo esto cae por su propio peso cuando hablamos de violencia machista. Aquí sí, resulta que no lo quieren diferenciar, quieren unificarlo como "violencia general", sin leyes, presupuestos o medidas concretas contra esta lacra. La pregunta es clara, ¿Por qué ellos sí diferencian un tipo de violencia y no otra? La respuesta, desde mi punto de vista, es obvia. Se trata de ideología y ellos querían acabar con ETA (lo cual es entendible, pero igual que el resto de la sociedad), pero no quieren acabar con el dominio del hombre sobre la mujer, sus privilegios y su idea medieval de la posición de la mujer en nuestra sociedad. Diferenciar cuando es acorde a su ideología y generalizar cuando es contraria. Creo que es interesante que, al menos, veamos claros sus movimientos y posiciones políticas.

Palabras que molestan y entretienen pero que no resuelven los problemas. Te animo a escuchar con atención las palabras de los políticos para comprobar cómo son tan superficiales que se las lleva el viento. Igualmente, disfrutarás comprobando como los medios de comunicación parten, controlan y deciden sobre qué se debate y sobre qué se calla. No manipulan sus informaciones, pero sí callan sobre todo lo que a su dirección interesa silenciar. Si no entras en este juego no aparecerás en pantalla y así, los tertulianos, periodistas o políticos se levantarán cada día con su cuestionario diario de temas a debatir y qué postura defender. No se les ocurrirá tener un pensamiento distinto, propio o crítico, porque si lo hacen, aun cuando tengan razón en sus apreciaciones, serán relegados inmediatamente por otros que sí acatarán los mandamientos del Partido o de la Dirección General del Medio de Comunicación. Es triste pero así funciona la "Política de las Palabras". Eslóganes que persiguen votos, simplificando la realidad para no debatir los temas en profundidad, idiotizando a la sociedad en cortinas de humo eternas. Twitter como centro del debate nacional, anulando la profundidad de pensamiento por frases pegadizas que no solucionan los problemas. El debate de nuestros problemas simplificado en unas palabras sueltas en la Red. Triste, pero así nos va.

¿HAY QUE LLAMARLES MANTEROS?

¿Te imaginas cómo sería tu vida si tuvieses que emigrar sólo a otro país, sin recursos económicos, entre personas que no hablan tu idioma? Sentirte en un lugar extraño es una sensación que todos tememos, porque nadie quiere ser diferente, o sentirse señalado o perseguido. No tener apoyos o puntos de conexión limitan nuestras posibilidades y la soledad y falta de información reduce las garantías de desarrollo personal en igualdad. Estos emigrantes profesan otras religiones, costumbres o hábitos y se sienten marcados y señalados. Su raza o color de piel es diferente y es su estatus económico miserable lo que le convierte en objetivo claro del rechazo público. Desde luego que no lo tienen fácil.

Personas anónimas que vemos andar por nuestras ciudades cargados con productos de cualquier tipo para ganarse la vida y a las que ni miramos o en todo caso tratamos con burla o desdén. ¿Somos acaso capaces de imaginar el nivel de pobreza que han tenido que soportar en sus países para tomar la decisión de emigrar? Desde luego que no debe haber sido fácil. Y, aun así, nos ofrecen sonrisas, demuestran paciencia, no suelen protestar y aceptan nuestras propuestas de regateo miserable.

Además, sufren su situación irregular de sentirse ilegales, sin documentos para poder vivir con derechos y obligaciones, tal y como lo hacemos los demás. Y por si no fuera poco, esclavizados por mafias que les obligan a trabajar sin descanso para luego quitarles los míseros beneficios que puedan haber obtenido. Una vida sin presente ni futuro que tratan de llevar con la mayor dignidad posible.

Travesías extenuantes donde gastan todo el dinero de su familia con la única esperanza de un futuro mejor. Cruzan zonas desérticas, como el Sáhara, sometidos por mafias que buscan el beneficio económico inmediato y valoran en cero la vida de estas personas. Viajes que acaban en el mar, en pateras improvisadas, repletas de personas, que apenas permiten la flotabilidad, sin alimentos, sin saber nadar, en la oscuridad... Pocas situaciones puedo imaginar más aterradoras que el miedo a naufragar sabiendo que tu vida pende de una ola asesina.

Ilusiones por un futuro mejor que se encuentran con la patada y el desprecio de las diferentes corrientes de las "derechas políticas" que les señalan como culpables de los males de una sociedad aburguesada. Les tachan sin pudor alguno de "ilegales", como si unos papeles administrativos sirvieran de excusa para someterles y rechazarles.

Usualmente comercian falsificaciones de productos caros. Prendas baratas para un sector de la sociedad que no se puede permitir adquirir los productos originales. ¿Realmente podemos afirmar que estas ventas ponen en riesgo a multinacionales como *Nike, Adidas, Louis Vuitton o Chanel*? Lo dudo, pero también lo desconozco. No trato de hacer una apología de las falsificaciones, ojalá no existieran, pero cuando hay alguien dispuesto a comprar algo, habrá siempre alguien dispuesto a venderlo. Ocurre con los mal denominados "manteros" pero también pasa con el tráfico de armas, la prostitución o el narcotráfico. Siempre habrá venta mientras los compradores estén dispuesto a adquirir esos productos, sean o no falsificados, sea o no legal o ético ese intercambio.

Estos trabajadores "ilegales" correrán y se esconderán de la policía, sufrirán excesos de las mafias que trafican estos productos, dormirán hacinados en pequeños cuartuchos y malvivirán por ganar un dinero escaso. Y, aun así, enviarán la mayor parte a sus familias de África, Pakistán o La India para permitir sobrevivir en la miseria a sus seres queridos. Un nuevo sistema esclavista que impide un desarrollo normal de las personas, manteniendo la miseria tanto en los países ricos como en los de origen. ¿No se da cuenta la Europa poderosa que si no ayuda a los países en vías de desarrollo su miseria obligará a miles de ciudadanos a emigrar a sus ricos barrios? La pescadilla que se muerde la cola a base de humillar y desgastar la vida de los "miserables". Y frente a ellos, la derecha "nazi" que señala y persigue al inmigrante convirtiéndole en el responsable de todos sus miedos. Hablan de "menas" porque sienten vergüenza de reconocer en voz alta que son niños sin familia. Criminalizar a niños en vez de poner todos los medios disponibles para ayudarlos, es una situación que debería sonrojarnos a todos, porque de alguna manera somos cómplices de esa injusta situación.

Y desgraciadamente, todas esas personas que critican y humillan a estos trabajadores, no tendrán pudor alguno en usarlos posteriormente como mejor les convenga: alquilándoles pisos miserables a precios exorbitados, contratándoles con dinero negro para arreglar su jardín, cuidando a sus padres mayores o reformando sus lujosas viviendas. Inmigrantes que cuando pueden, cambian de trabajo para ocuparse en los puestos que los "nacionales" no queremos. No hablo sólo de la construcción, estos trabajadores de miradas limpias son los que suben a los barcos para faenar y traer pescado fresco, trabajan en invernaderos a temperaturas asfixiantes para que nosotros disfrutemos de las fresas o trabajarán en el monte para que nosotros nos sintamos eco-sostenibles usando productos de madera. Trabajos duros, mal pagados y en "b" bastantes veces. Empresarios (algunos) sin escrúpulos que limitan sus salarios y condiciones laborales sabiendo perfectamente que su falta de información y capacidad les permite hacerles firmar cualquier documento que los exculpe, sin apenas preguntar nada, porque no saben si quiera qué pueden preguntar. Desde mi punto de vista no es justo y me hace sentir mal por formar parte de una sociedad así.

Estas líneas van por vosotros, para daros las gracias por vuestra valentía y coraje. Por completar nuestra sociedad y hacernos más diversos. Ojalá se vayan cumpliendo también vuestros sueños y esperanzas y podáis convivir con nosotros en una relación de igualdad. Os pido perdón por formar parte de esta sociedad que os pone tantas trabas en vuestra vida.

LA LÁSTIMA FINGIDA

Con tristeza, compruebo como en las conversaciones triviales del día a día, e incluso en nuestros actos comunes, somos similares todos los ciudadanos. Da la impresión que a todos nos afectan las mismas cosas y nos alegran o entristecen parecidas situaciones. Sin embargo, si eliminamos esa superficialidad de nuestros actos, veremos que no es así.

¿Quién no está de acuerdo en aplaudir a nuestros sanitarios públicos o en pelear por tener una escuela pública de máxima calidad? Esas preguntas generales nos igualan y da la impresión que todos apoyamos lo mismo. Pero la realidad no es así. Cuando toca votar no apoyamos a los partidos que apuestan por este sector. Igualmente, muchos llevan a sus hijos a escuelas concertadas o privadas para que eviten la relación diaria con los estratos económicos más bajos. Diremos bien alto que apoyamos la escuela pública, pero votaremos a los partidos que favorecen, promueven y ensalzan la educación privada. Basta con darse una vuelta por colegios públicos o concertados para comprobar de lo que estoy hablando, es fácil comprobar cómo las instalaciones son muy diferentes. Además, curiosamente, esos privilegios en gran medida los consiguen aquellos que más pregonan su fe en la religión cristiana. Escuelas de Jesuitas, congregaciones religiosas y marianas, universidades del Opus y cientos de instituciones religiosas que fomentan y pelean por mantener sus privilegios frente a la escuela pública. ¿Acaso alguien está en contra de dotar a los niños de un estatus de igualdad de oportunidades? ¿No promulga el cristianismo ayudar a los más desfavorecidos? Sin embargo, las clases bajas, los inmigrantes o las personas con discapacidades físicas o intelectuales van en su mayoría a las escuelas públicas. La verdad, al menos la mía, es que las clases altas no quieren relacionarse con las bajas, las élites siempre han querido separarse del resto y mantener sus privilegios. Hoy en día sigue pasando y lo más vergonzoso, la lástima fingida, es que no se dan cuenta o no se quieren enterar que realmente lo que hacen no es ético ni moral. Podrán asistir a misa diaria, bautizar o hacer la comunión, leer parábolas de la Biblia para quizá limpiar su malestar interior, pero su día a día mantiene el apartheid a los desfavorecidos.

Clases y partidos de alto nivel que siempre ponen trabas a los desfavorecidos. Que quede claro, es una pelea desigual que mana de su situación de privilegio y poder económico. Harán lo que haga falta para mantener e incrementar su preeminencia. Tienen el poder, los medios, la información y la vergüenza de saber que son privilegiados y no desean repartir ni las migajas que les sobran. Si no, date una vuelta por las Universidades privadas y verás que el porcentaje de inmigrantes o personas de recursos bajos en las mismas es mínimo. Simplemente con las ropas y los coches aparcados verás la diferencia. El problema es que esta sociedad elitista sólo se relaciona entre ellos y piensan que el mundo es tal y como ellos lo conocen. Las clases bajas parece que lo son por su vaguería, sus vicios o su falta de capacidad. En ningún caso se darán cuenta que ellos son los primeros responsables de mantener ese muro invisible y que sus actitudes promueven esta desigualdad.

Sienten lástima de los pobres, de los inmigrantes, de los desahucios, de los refugiados... creen que ayudando en alguna ONG o colaborando en mercadillos benéficos cubren su cuota de moralidad. ¿Realmente creéis que esos partidos de la derecha, que buscan mantener los privilegios, legislan a favor de la igualdad de oportunidades? Claramente no. Hablan de fomentar la "libertad", pero nunca apoyan la subida de los salarios mínimos, reducen las pensiones públicas, critican los impuestos a los beneficios de las grandes empresas, votan contras las leyes del aborto (aunque luego ellos cojan un avión para ir a Londres o Ginebra a solucionar los "problemas" de sus hijos), ponen trabas a los homosexuales, impugnan las leyes sobre matrimonio homosexual, exigen su derecho a marcar los precios de sus viviendas de alquiler aunque ello suponga que muchos ciudadanos no puedan ejercer su derecho a vivienda digna, quieren eliminar los impuestos aunque ello suponga acabar con el camino existente para repartir la riqueza entre todos, impiden el derecho a la eutanasia o critican las medidas de igualdad feminista.

Caso aparte es su desprecio a las leyes de memoria histórica que aún se mantiene en España. Miles de asesinados de la dictadura franquista siguen tirados en las cunetas, en fosas comunes perdidas de decenas de cementerios o esparcidos en cajas podridas en el Valle de los Caídos en Madrid. Eso sí, todo bajo una enorme cruz cristiana a la que se aferran para mantener su moral y su fe. Tratan de igualar a los vencedores y a los vencidos, como si el dado de la suerte hubiera repartido justicia. No, mentira, la guerra dura 3 años, pero la dictadura se alargó al menos hasta la muerte del dictador en 1975. Hablamos de un periodo negro de más de 36 años de humillación, muerte y desprecio al vencido. Que a día de hoy la derecha cristiana siga queriendo obviar esta situación, tratando de equiparar el daño causado a los dos bandos, es de lo más miserable que puedo imaginar. Una derecha apoyada y abrazada por el estamento jerárquico de la Iglesia que juntos miran hacia otro lado sin reconocer el daño causado y tratando de seguir dando lecciones de moral y ética a la sociedad del siglo XXI. En contra de esta lástima fingida y pueril. Es fácil comprobar cómo la jerarquía cristiana española apoyó y cimentó la "falsa legitimidad" de la dictadura franquista.

Miles de casos de pederastia que no han sido juzgados porque la jerarquía eclesial ha querido tapar y ocultar, antes y también a día de hoy. Su única acción fue mover a los depravados de una parroquia a otra para esconder debajo de su alfombra cristiana sus propias vergüenzas. A la justicia ordinaria se le silenció y los Políticos de Estado miraron a otro lado porque no quisieron enfrentarse contra el Poder Eclesial. Tú me haces un favor y yo te le devuelvo con creces. Clases altas manteniendo su posición de privilegio a costa de mentir y tapar las vergüenzas propias y las de "mis amigos". Basura que todos conocemos y seguramente no condenamos con todas sus palabras.

Igual ocurre con esos niños robados a sus padres en hospicios y maternidades porque familias cercanas al régimen franquista no podían tener su propia descendencia. Qué mejor labor cristiana que quitar la descendencia a los rojos republicanos comunistas para que sean criados por familias apostólicas seguidoras del Régimen. Padres engañados a costa de mentiras y tristeza. Gente pobre y humilde que aceptaron con cristiana resignación la "muerte" de sus recién nacidos a cambio de otros "cristianos" que no tuvieron reparo en beneficiarse de su situación de poder. Crueldad en estado puro y lo peor de todo aceptada y alentada por la Iglesia. Acaso puede haber algo menos cristiano que lo que se hizo durante tantos años a tantos bebés. Y aún, a día de hoy, nadie pide perdón por esos actos, tan sólo tratan de ocultar las pruebas y poner todas las trabas posibles para que estos casos miserables queden olvidados y escondidos. De todo esto la Iglesia no habla, pero aún hoy, tratan de ser el referente moral de esta sociedad. Para mí, muy difícil de digerir.

La Justicia alemana da por hecho que Ratzinger fue "cómplice" de abusos sexuales a menores

El Tribunal de Traunstein entiende que el fallecido Benedicto XVI conocía los antecedentes y el comportamiento del sacerdote Peter H. y que su víctima tiene derecho a una indemnización por daños perjuicios: "La única cuestión que queda por resolver es la cuantía de la demanda"

— El Papa fulmina desde el hospital al secretario de Ratzinger y al artista acusado de abusos Mar Rupnik

Imagen de Archivo tomada en noviembre de 1980 que muestra al Papa Juan Pablo II (i), junto al cardenal alemán Joseph Ratzinger en Munich, Alemania.

Jesús Bastante
en religiondigital.com — 21 de junio de 2023 - 22:14h
Actualizado el 22/06/2023 - 05:30h ☐ 12

SECUIR AL AUTORIA

Benedicto XVI fue "cómplice" en un caso de abusos a menores

Quiero creer que el humano vive mejor en Sociedad, repartiendo oportunidades y luchando porque todos avancemos poco a poco, empujando a los que se retrasan y alentando a los mejores para que se giren y ayuden al resto. Quizá, cuando ellos quieran, aquellos que disponen de los medios para ejecutar acciones se darán cuenta de lo injustos que son y en ese momento, sentirán lástima ya no de los desfavorecidos, sino de ellos mismos por haber fomentado estos extremos que se aprecian en la sociedad actual.

Darnos cuenta de nuestra posición de privilegio sobre los desfavorecidos es el primer paso necesario para poder actuar. Primero, agradeciendo la suerte que tenemos. Seguidamente, cada uno como pueda, ayudando a aquellas personas que lo necesitan. No hablo sólo de dinero, sino de tiempo, de influencia, de palabra... porque cuantos más estemos en la línea de actuar, más fácil será hacerlo.

SOÑADORES Y OPTIMISTAS

Tengo la impresión que nuestro ego personal es cada vez más grande y no para de crecer. Nos importa poco lo colectivo o lo restante y sólo valoramos las situaciones desde el punto de vista que nos afecta personalmente. Poca empatía y menos comunicación. Nos vemos satisfechos si cumplimos nuestros propios objetivos y todo gira alrededor de nuestros deseos e ilusiones. Si no se cumplen llegará el enfado, la crítica pública y el malestar continuo. Bien propio frente a bien común. Para ser del todo sincero, alguna vez, hasta siento satisfacción tras presenciar el fracaso del ajeno. Desde luego, esto no habla muy bien de mí.

Como sociedad, nos interesa sólo esa parte donde intervenimos personalmente y no somos cómplices de mejorar e impulsar el interés general. Arriesgamos poco y criticamos mucho y esa rueda se repite sin cesar.

Frente a esto, por suerte, encontramos seres maravillosos que nos inundan con su optimismo y entrega verdadera. Quieren avanzar, continuamente ven oportunidades de mejora donde otros sólo vemos obstáculos, sueñan con ir hacia adelante y de alguna manera generan una estela invisible que los demás tratamos de perseguir.

Personas que sonríen todo el día, dan las gracias y saben pedir perdón cuando fallan. Generan propuestas y escuchan activamente cuando son otros los que hablan. Bromistas que consiguen arrancar algunas sonrisas en esos días que nos vamos arrastrando por la vida. Optimistas que creen en su mensaje y consiguen convencernos que todo puede mejorar.

Por suerte todos conocemos gente así y realmente nos hacen llevar una vida más amena. Les vemos coherentes en su ideario y generosos en su entrega hacia los demás. ¿Por qué a mí me falta siempre tiempo para todo y por contra ellos tienen tiempo para regalarte? Siempre dispuestos, sin desfallecer, deseosos de ayudar y de ganar discípulos para su causa. No son muchas las personas que veo reflejadas en estas definiciones, pero sé que están ahí y de alguna manera me ayudan a salir de mi cáscara y elevar mi espíritu. Ayudar a los demás y agradecer las colaboraciones probablemente redunde en beneficio propio.

Y por ello, quiero lanzar una pequeña lanza de agradecimiento a esos soñadores y optimistas que impulsaron y siguen haciéndolo, este planeta con sus ideas y propuestas. El mundo empeora en muchos casos, por supuesto, pero también ha mejorado en distintas variables y eso es, gracias a estas personas que vislumbraron un beneficio común y lo lograron implantar. Cultos, diversos, atrevidos y generosos que ayudan a hacer este mundo un lugar más habitable. Gracias soñadores.

IMPONIENDO EL PENSAMIENTO ÚNICO

Es puro teatro comprobar como el ego pretende hacernos sentir únicos, libres y especiales. Nos sentimos diferentes del resto y tratamos continuamente de singularizarnos frente a la masa. Como es fácil comprobar, y siento decir, no lo conseguimos. Al igual que otros seres vivos somos mucho más parecidos entre todos de lo que podríamos reconocer.

Si miramos un rebaño de ovejas, una bandada de pájaros, una colmena o un banco de peces vemos un comportamiento simple y grupal, sin distinciones, asumiendo el rol común y siendo parte de un todo. Tal vez los humanos nos parezcamos a esto mucho más de lo que queremos creer.

Tratamos de aumentar nuestras diferencias con el resto y de alguna manera nos sentimos así. Nos vemos con ideas diferentes, nuestra música o ropa es peculiar, nuestras vacaciones son especiales y sí, sentimos a todos los demás como una masa homogénea donde sólo resaltamos nosotros. Quizá es el momento de darnos cuenta que estamos muy confundidos.

Que me dices de las playeras *Vans*, hace tres o cuatro años las usaban unos *skaters* y no eran apenas conocidas. Poco a poco, y con el objetivo de diferenciarnos del resto y ser especiales, la gente fue comprándolas, se pusieron de moda y hoy es el día que todo el mundo las viste. La semana pasada asistí a un concierto musical de fin de curso donde participan mis hijos. No miento si digo que más del 30% de los alumnos llevaban puestos modelos diferentes de la misma marca. Nos creemos diferentes, pero repetimos los actos de los demás para sentirnos aceptados y miembros de nuestro clan. Vamos, cómo ya hacían los habitantes de la era paleolítica. Parece que la evolución va algo más lenta de lo que se podría pensar.

Nos hemos convertido en grupos que nos copiamos los unos de los otros, pero creyendo, que nuestras acciones son diferentes y únicas. Coches, ropa, viajes y prácticamente cualquier producto de consumo se basa en una moda dirigida para que entremos en la red sin apenas darnos cuenta. Queremos ser novedosos y diversos, pero a la vez, buscamos el comportamiento gregario que nos une a los demás para conseguir su aprobación. Cada vez menos usamos nuestra personalidad propia para tomar decisiones y son otros, los medios y las grandes corporaciones, las que toman esas decisiones por nosotros, aunque creamos que son actos propios basados en reflexiones personales.

Basta con dar un paseo por el centro de todas las ciudades de Europa para darnos cuenta que cada vez se parecen más. Mismas tiendas multinacionales que repiten sus eslóganes motivadores para que sigamos consumiendo los mismos productos. Hace años, visitar los cascos históricos nos sorprendía porque cada tienda, plaza o calle reflejaba la personalidad única del lugar o país visitado. Restaurantes con personalidad que te llevaban a probar gastronomías de sabores exóticos y únicos. Ahora, da igual donde vayas, veremos McDonald's o restaurantes similares que repiten los productos ya conocidos y que al ser de consumo barato y rápido crecen sin parar allá donde los turistas decidan llegar. Para que no haya equívoco, en mi opinión, si alguien está fomentando esta repetición de tiendas, locales y esquemas urbanísticos somos nosotros cada vez que elegimos estas cadenas para disfrutar de sus productos.

La moda, tal y como la entendemos hoy en día, viene dirigida por grandes compañías que nos han convencido que debemos cambiar nuestro vestuario varias veces por temporada. Hace años, al igual que las estaciones, había cuatro temporadas de moda en las que nos sentíamos reflejados. Hoy no, ropa barata de usar y tirar, destrozando el medio ambiente, para sentirnos diferentes y especiales. Si no entras en esta espiral de consumo y moda quedarás retrasado y perderás la ansiada aceptación pública de los demás. ¿Y realmente crees que somos diferentes al resto?

El pensamiento crítico ante nuestras necesidades y actos se convierte en algo cada vez más necesario. Preguntarnos por qué actuamos de esta manera puede ayudarnos a entendernos un poco mejor y dejar de ser gregarios tan sólo porque otros lo decidan por ti.

La música que oímos, los hobbies, las películas, nuestros destinos vacacionales, los restaurantes favoritos, alimentación, electrodomésticos, automóviles, lecturas y demás... todo se basa en la moda y la ilusión de ser distintos. Desde luego no pasará nada si leemos libros clásicos o vestimos igual un par de temporadas. Creo que el mundo no se acabará, aunque cada vez tengo más dudas. Lo que quiero expresar, es que debemos ser más críticos con nosotros mismos, exigirnos un poco más y aceptar las consecuencias internas y externas de las decisiones que tomamos. Abrir los ojos, para darnos cuenta que hay grandes intereses en dirigir nuestros sueños y modelar nuestras acciones. Cada acto tiene consecuencias y aunque giremos la cabeza o cerremos los ojos, esas decisiones nos afectan e inciden en todos los demás. La elección debe ser nuestra.

La globalización nos ha llevado a repetirnos en todas las partes del mundo. Usamos Netflix para entretenernos y así lo hacemos medio planeta, todos de igual manera. La telefonía móvil convierte en virales a chavales que hacen alguna gracia en Tik Tok, y todos nos reímos de lo mismo. Antes no era así y da pena que nos estemos repitiendo todos cada vez más. Las compras por internet han llevado a Amazon a ser una referencia global. Todos comprando en el mismo lugar las mismas playeras *Nike* mientras damos *likes* en Instagram a los mismos famosos e influencers. Mundo global que nos va idiotizando y va limando nuestras diferencias para convertirnos en seres repetidos hasta la saciedad. Es realmente difícil salir de esta espiral perversa en la que estamos, pero al menos es necesario darnos cuenta que estamos girando al son de la música que apenas una docena de compañías mundiales nos están marcando.

Ser crítico y cuestionar todo lo que hacemos es cada vez más necesario. Salir de lo vulgar y leer y hablar y mirar lo diferente puede ayudarnos a abrir un poco nuestro punto de vista. A día de hoy, nuestras opiniones no son más que el reflejo de las opiniones que nuestros partidos de referencia dan y que los medios de comunicación repiten como un eco infinito. Es curioso comprobar cómo ante temas novedosos muchos políticos se quedan callados hasta que no son informados por las cabezas dirigentes de cuál debe ser su opinión. Si los periodistas fueran críticos e hicieran preguntas fuera de las habituales y esperadas, veríamos a muchas celebridades en apuros por no saber qué responder. A día de hoy no pasa, porque el político ya sabe qué le van a preguntar y así es fácil afinar la canción ya aprendida.

Si este tipo de sociedad es el que deseamos, adelante, lo estamos haciendo bien. Pero si crees que no vamos en el camino correcto, quizá cada vez que compremos en tiendas multinacionales podremos darnos cuenta a quién estamos favoreciendo y como decíamos en otro capítulo, a quien estamos eliminando.

¿BENEFICIO PARA QUIÉN?

La economía actual se está transformando en un liberalismo agresivo que poco a poco está acabando con nosotros. El adorado libre mercado promete equidad y competencia, pero la realidad es muy distinta. Las grandes corporaciones crecen cada vez más, la competencia está ciñéndose en muchos sectores a un número limitado de compañías que dominan el sector y sus consecuencias las sufrimos todos, pero especialmente las grupos y zonas más desfavorecidas.

Por ejemplo, el mercado de los cereales se gestiona a nivel mundial, surgen sequías en determinadas regiones o guerras (como la actual de Ucrania) y muchas variables disparan los precios a niveles no conocidos. Las consecuencias son hambre y miseria en muchas partes del planeta. Podríamos decir que ocurre igual con el mercado del petróleo. Cualquier excusa es válida para subir los precios de forma exponencial. Por contra, cuando los elementos distorsionadores vuelven a la normalidad, comprobamos cómo los precios no regresan a su origen o en todo caso lo hacen tremendamente despacio. Mientras ocurre todo esto, en una continua manipulación de precios y servicios, donde las excusas para elevar los costes son infinitas y donde todo parece razonado en una lista inacabable de justificaciones, al final, lo que se aprecia cada trimestre es unos resultados empresariales record en muchos de los sectores. No importa la crisis coyuntural que ocurra, la guerra de Ucrania, la pandemia de Covid y cualquier otra razón. Vemos que las grandes multinacionales siguen haciendo aumentar sus beneficios. Ocurre con el sector bancario, las eléctricas, constructoras, automoción, moda, acero, productos agrícolas o ganaderos o las grandes distribuidoras de alimentación e intermediarios.

No puedo entender cómo sectores como el bancario dan cifras record a cambio de continuar subiendo las cuotas de sus hipotecas y créditos. Cada vez menos diversidad en número bancos que se reparten el negocio, limitando la competencia que cada vez es menor. Protestan enérgicamente cuando se les aplican tasas o mayores impuestos para compensar sus beneficios y así poder "ayudar" al bien general común, pero rápidamente los repercuten en los clientes para mantener su saldo positivo final.

Ocurre con eléctricas que ofrecen resultados históricos mientras muchas familias no pueden usar la electricidad y el gas en invierno para uso familiar por no poder pagarlo, generando la llamada pobreza energética. Acaso no vemos la injusticia que supone que familias sufran mientras las empresas ganan cifras que no somos capaces siquiera imaginar. No importan las escusas que se pongan, pandemias, el paro, la guerra, la subida de las materias primas, etc... como se aprecia en el cuadro de abajo los beneficios crecen sin parar.

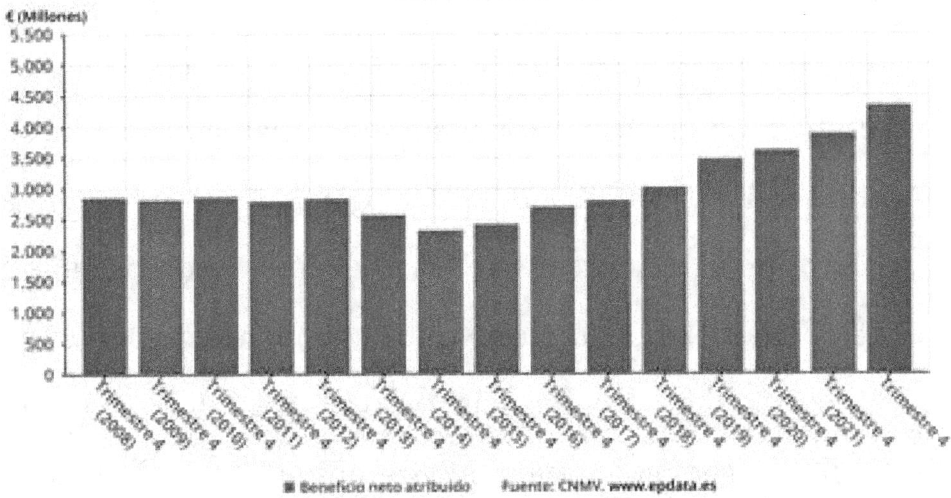

La pregunta que podemos hacernos es si este crecimiento de beneficios debe ser infinito. Oímos a la patronal hablar de mejorar la productividad, de ajustar a la baja las subidas salariales o de disminuir las cotizaciones sociales o impuestos a las empresas. Una confrontación eterna entre beneficios empresariales y mejoras a los trabajadores. Los partidos más cercanos al ala liberal hablan de libertad de mercado, de autorregulación de la competencia... en mi opinión bonitas palabras basadas en ideales de economía que teorizan, pero se alejan de la realidad. Muchas personas viven muy bien y por encima de sus posibilidades. Probablemente posean acciones de estas empresas y no sepan lo que es sufrir estar en números rojos a fin de mes o reducir su nivel de gasto. Sin embargo, muchas personas sufren diariamente para poder subsistir. En mayo de 2023, el salario anual más frecuente en España para los hombres es de 18.491 euros y el de las mujeres de 13.531 euros. Por supuesto que hay muchos españoles con sueldos más altos, faltaría más, pero el que indico es el más frecuente. Salarios que impiden asumir con tranquilidad todos los gastos que una familia puede tener y que conviven con estas cifras astronómicas de beneficios de las grandes compañías. Y quizá lo peor, es que aceptamos como sociedad esta injusticia sin levantar la voz.

Si los impuestos que deben pagar estas empresas aumentaran exponencialmente a la par que sus beneficios, se conseguiría un reparto de la riqueza más equitativo para ayudar al desarrollo de todos y que no hubiese grupos que se quedaran atrás. Lógicamente esto debería pasar en todas las Comunidades y al menos en todos los países de la Europa Comunitaria. En caso contrario se crean "islas" donde las empresas se mueven rápidamente y mantienen su forma beneficiosa de evitar pagar impuestos. La realidad es que esta sociedad egoísta persigue el beneficio propio frente al bien común y vemos impuestos y tasas confrontados entre países y Comunidades, lo que sólo sirve para generar mayor competencia y posibilidades de seguir aumentando la distancia entre los beneficiados del sistema y los parias que subsisten como pueden. Diferencias que buscan el beneficio propio frente al deseado bien común.

Todo ello podría suavizarse si se limitaran los beneficios o al menos aumentaran las tasas a estas empresas. En España se ha creado hace poco una nueva tasa a los Bancos que generó fuerte reacción de los mismos. Hablaron de injusticia, "comunismo" o incomprensión. Pasados unos meses, sus beneficios continuaron siendo exagerados, el sistema económico no se quebró y la polémica marchó a otro lugar. Y siempre así.

Las dos noticias de abajo recogen este sentir. Es tan sólo un ejemplo de los miles que se pueden encontrar. Bankinter, banco español, en noticias de Julio de 2022 y también 9 meses después en abril del 2023.

Madrid - <u>21 JUL 2022</u> - 08:22 CEST
FUENTE: DIARIO EL PAIS

<u>Economía</u> BANKINTER

Dancausa (Bankinter) critica el impuesto a la banca: "Nos parece injusto. Si hay resquicios para no pagarlo, lo pelearemos"

La entidad gana 271 millones hasta junio, un 11% más que el año anterior pese a la segregación de Línea Directa

20 ABRIL 2023

FUENTE: BUSINES INSIDER

Bankinter sigue al alza: gana 185 millones de euros hasta marzo, un 20% más que en el primer trimestre de 2022

En resumen, creo que el beneficio industrial no puede ser infinito y los organismos públicos deben contener e ingresar sus arcas cuando la situación económica sea favorable. Es la forma de poder repartir y mejorar lo Público para el beneficio de todos.

A modo de finalización y recordatorio no debemos olvidar lo que pasa cuando la economía va mal. Estas mismas empresas que ahora alcanzan cifras record y ganancias millonarias son las mismas que piden ayudas al Gobierno cuando su sistema está en crisis. Lo hemos visto con las entidades bancarias, las concesionarias de autopistas, las empresas constructoras y muchas otras. Tener claro lo que ya pasó antes debe ayudarnos a tomar las decisiones del presente y futuro.

¿Recordáis lo que pasó en 2012? Os suena de algo el rescate financiero de todos los contribuyentes por valor de más de 100.000 millones de euros. Más de diez años después lo seguimos pagando.

FUENTE: HUFFINGTON POST

10 años del rescate a la banca que cambió la economía española

Los españoles salvamos con 101.500 millones de euros a unas entidades sumidas en la crisis de la burbuja inmobiliaria. Hoy les van estupendamente.

Redacción El HuffPost / Agencia EFE

09/06/2022 a las 08:30

Protesta de **ADICAE** en A Coruña, en 2012. MIGUEL RIOPA VIA GETTY IMAGES

La banca española presume de solvencia una década después de que España se viera abocada a pedir el rescate financiero a sus socios europeos para sanear el sector e iniciar los primeros pasos de la creación de un banco malo para liberar a unas cuantas entidades del lastre inmobiliario. El coste final del proceso se calcula en 101.500 millones de euros, puestos por todos los contribuyentes.

Ejemplo que deben hacernos reflexionar para ser más conscientes de la sociedad que estamos creando y que cada vez genera más distancia entre clases, llevando a la pobreza a muchos ciudadanos de una manera casi tan rápida como va creciendo el número de millonarios de cada país. Parece injusto, ¿verdad?

MÚSICA

El Arte tiene infinidad de tendencias o valores. Cada uno lo sentimos de manera diferente y por tanto todo es opinable y aplaudido de diferente manera.

En mi caso, siempre entendí el arte como un altavoz que permite expresar y compartir ideas. Hay y ha habido, infinidad de artistas que por suerte o incapacidad no consiguieron que su arte fuera escuchado más allá de pequeños grupos reducidos. No alcanzaron la significancia que permite que tu voz sea escuchada por miles de personas. Eso sólo pasa en pocas ocasiones, son los elegidos. Da igual que hablemos de escritores, arquitectos o directores. Personas que alcanzaron suficiente relevancia como para poder ser ejemplo y ser contrastados públicamente por los demás sin ni siquiera conocerle.

Hablemos de música. Se entiende como un arte que combina sonidos, secuencias temporales, armonía, melodía, ritmo... Cuando lo escuchas te puede gustar o no, pero sigue siendo arte. Pero la música de mi generación, aparte de sonidos tiene letras, palabras y expresiones que crean un significado, una historia, un sentido que complementa al sonido.

En mi opinión, la mayor parte de la música que escuchamos tiene unas letras obvias y carentes de profundidad. No se mojan, se quedan en la superficie sin aportar elementos distintivos. Hablan de amor en general, de pequeñas anécdotas, de generalidades... y no está mal que sea así. Si piensas en la mayor parte de los grupos de música más famosos, serán reconocidos por su música, pero no por sus letras. Esto queda como un mero acompañante al ritmo en estrofas repetitivas sobre lo *"mucho que te quiero"* o mi *"deseo de sentirme libre"*...

Cuando un grupo musical sale de ese círculo y provoca controversias, para mí, pasa a ser más real, a tener una significancia especial. No hay que tener miedo en exponer tu posición en la vida y en los múltiples debates que nos afectan como sociedad. Las letras reivindicativas o de protesta han ayudado a cambiar ideas y sociedades y merece todo mi respeto, me representen o no.

Veamos ejemplos. Pasamos media vida trabajando con salarios míseros pero la música que escucho no suele hablar de eso. Me preocupa mi estado físico y esto puede ir al extremo de generar anorexia o bulimia, pero la mayor parte de grupos musicales no hablan de esto. A mí me preocupa el *bullying*, la pederastia, las pensiones, los crímenes machistas o el medio ambiente, pero si ves qué grupos musicales copan las listas de éxito no veras estos temas tratados. Por contra, idolatramos a chavales vestidos de Armani, con cadenas de oro y coches descapotables que nos vacilan y nos relatan la infinidad de "polvos" que han echado en su yate. Si pienso en grupos como "Hombres G", "Alaska", "Paulina Rubio" o "Bad Bunny" no veo un compromiso político ni una identidad real para cambiar la sociedad, e insisto, eso está bien. La mayor parte de las canciones de "La oreja de Van Gogh" habitan en el amor, la música Dance muere en estribillos superficiales o el reguetón idealiza una sociedad que ninguno conocemos...

Otros grupos musicales sí decidieron dar un paso más para discutir y tratar de cambiar los sistemas establecidos. Quiero lanzar un aplauso a grupos como "Reincidentes" que ya peleaban en 1994 (*Carmen*) contra el maltrato machista o que criticaban al político con nombres y apellidos. Grupos sin temor a decir "sus verdades" aunque ello implicase sanciones o suspensiones, como "Soziedad Alkoholika", "Amaral", "Leize", "Serrat", "Aute" o "Labordeta". Hay infinidad de ellos en cualquier categoría que merecen todo mi respeto porque proponer temas que van a contracorriente del pensar general siempre acarrea consecuencias desagradables.

En la actualidad quiero resaltar al grupo valenciano "Los Chikos del Maíz". Rap político sin dobleces. Canciones con multitud de referencias y opiniones pero que no se pierden en superficialidades y entran al último detalle, caiga quien caiga. En mi caso me gusta, su ideario se acerca en bastantes puntos al mío y agradezco oír esas reflexiones porque fuera de ahí el silencio es estruendoso. Música a todas horas que me parecen vacías de contenido y que olvidarás en apenas semanas. Por el contrario, este grupo presenta opiniones reales sobre temas que cada uno de nosotros hablamos en nuestra vida diaria. La pobreza, la corrupción, la escuela concertada, la violencia o los trastornos alimentarios. Temas en los que se posicionan sin dobleces y quedan expuestos a la crítica o al aplauso. Todo o nada en cada canción y eso es lo que entiendo debe esperarse de alguien que decide dedicarse al arte.

Sirvan estas frases, en un libro que apenas leerán decenas de lectores en silencio, para agradecer la valentía y el empoderamiento que supone escuchar la música de "Los Chikos del Maíz", y a modo de consejo, si podéis verlos en directo creo que disfrutaréis. Gracias chavales. De hecho, la idea de escribir este libro surgió media hora antes de su concierto de 2023 en Bilbao. La espera fue la inspiración para abordar estos temas que componen el libro, así que, gracias doblemente.

MENTIRA

Como en otros capítulos, las próximas líneas están basadas en mi punto de vista personal. Puedes estar de acuerdo en todo, en parte o seguramente en nada. No importa, es bastante probable que yo pueda estar en un error y vivir confundido. Pido disculpas anticipadas por ello. Sin embargo, reconoce al menos, que puedo tener la libertad de dar mi opinión sobre los temas siguientes. Te ruego que no te enfades demasiado conmigo si mi punto de vista se aleja del tuyo. Al fin y al cabo, a mí también me pasa a menudo y no me siento reflejado en muchas cosas que veo o leo diariamente. Dicho esto, empecemos.

Hoy en día el lenguaje está pervirtiendo la realidad. Las medias verdades o las mentiras nos rodean en el entorno digital que nos movemos. Una pelea entre el engaño y la información veraz. Por un lado, cada vez disponemos de datos más objetivos sobre nuestra realidad. Conocemos el número de médicos de una ciudad, los colegios que hay en un Estado o los resultados del nivel académico de nuestros alumnos en comparación a otros países. Lo hemos visto en la pandemia de Covid donde analizábamos la realidad de una zona en contraposición a la de otras regiones. Sabemos los presupuestos en carreteras, el gasto en ocio o cultura.... En resumen, prácticamente todo está medido y debería ser fácil comprobar lo que hacen nuestros gobernantes, los líderes de las multinacionales o los contenidos que emite cada medio de comunicación.

Sin embargo, la realidad vuelve a superar a la ficción. Cuando más información tenemos, más se manipula para girar el punto de vista. Se elimina la información general para dar bombo a lo puntual. Evidentemente los medios de comunicación lideran esta manipulación. Si hablamos de una Ley de Vivienda que engloba cientos de anexos, los medios y la política sólo discrepan en asuntos menores y convertimos un garbanzo negro en un cocido totalmente podrido.

Cuando un político realiza una entrevista de 40 minutos todo queda limitado a una frase o comentario puntual. Si las Sanidad es un desastre porque las listas de espera son interminables, no hay suficientes pediatras o las camas de los hospitales están colapsadas, el responsable de Sanidad resaltará como positivo algún factor que le beneficia, por ejemplo, que se ha reducido un 2% la lista de espera. Y lo peor es que los medios de comunicación afines repetirán esa cifra una y otra vez hasta que todos acabemos pensando que tenemos una Sanidad insuperable.

El populismo informativo es déspota y miserable. Los periodistas deben aceptar la línea ideológica de su medio para mantener su posición porque en caso contrario serán fulminados. Y cuanto más se acerquen a la línea editorial marcada, más serán premiados por sus medios. ¿No tenéis la sensación cuando oís a un tertuliano o periodista famoso que sabéis perfectamente cuál va a ser su opinión antes de hablar? Demos nombres, Ana Rosa Quintana, Francisco Marhuenda, Eduardo Inda, Vicente Vallés, Carlos Herrera, Jimenez Losantos, etc... Estos periodistas deberían analizar la realidad, informar y contrastar. La responsabilidad ante sus oyentes deberían hacerles ser mucho más cuidadosos en sus opiniones y generar confianza y veracidad. La triste realidad es que siempre empujan en la misma dirección y ayudando a los mismos partidos de la derecha, la patronal, la monarquía... Cuando no tienen más remedio que "llamar la atención" a los de su clase, rápidamente montan el ventilador para dejar claro que los otros son peores y deben ser criticados sin piedad.

También hay ideólogos de izquierda, sólo faltaría, que actúan de igual manera posicionándose siempre en el mismo escalón y por tanto faltando a la verdad y al análisis serio y responsable. Un mundo comunicativo que se convierte en pelea feroz para tratar de orientar la opinión general y dirigirnos hacia donde ellos quieren.

Desde mi punto de vista, el problema es que la lucha no es equitativa. Sería como decir que Israel y Palestina están peleando en las mismas condiciones. Sin entrar en las razones del conflicto, la verdad es que no es así, y en esta guerra desigual, por cada israelí asesinado hay decenas de palestinos muertos. Si tu hieres a tres yo mato a doce. Batalla claramente desigual.

En España, esta guerra de medios en absoluto podemos
decir que esté equilibrada. Las televisiones y radios públicas

favorecen al gobierno de turno. Hoy, RTVE favorece al Gobierno socialista, Telemadrid a Ayuso, EITB al PNV y así sucesivamente. Cada Gobierno nacional o comunitario domina sus medios públicos haciendo que pierdan cualquier atisbo de veracidad y credibilidad. El problema, desde mi punto de vista, es en la falta de imparcialidad de los medios privados, tanto televisiones como periódicos y radios.

Televisión.

Las cadenas más vistas en España son Antena 3 y Telecinco. Aquí vemos a estrellas como Ana Rosa Quintana, Pablo Motos o Victor Vallés que siempre (perdón por generalizar, más del 98% de las veces) favorecen al PP frente al PSOE. Si hablamos de Podemos prácticamente nunca reconocen nada bueno de ellos y por el contrario van poco a poco blanqueando a partidos de ultraderecha como VOX.

Radio.

Cualquier tertulia en la COPE de Herrera y otros, es una agresión continua contra los partidos de izquierda y qué no decir de los nacionalistas vascos o catalanes. De manera parecida nos encontraríamos a Jimenez Losantos, Ángel Expósito, Cristina López Schlichting.... periodistas cuya línea editorial siempre ha sido la misma, remando siempre hacia la misma orilla y perdiendo por tanto su credibilidad tan rápido como su falta de objetividad. Muchas veces he oído sus programas y jamás me han sorprendido con sus declaraciones. Es como leer un cuento que has releído cientos de veces.

Periódicos.

Basta con leer los titulares de ABC, El Mundo, La Razón, OK Diario... para entender lo que quiero decir. Da igual cuando leas este artículo. Coge ahora mismo tu móvil y ves a las ediciones digitales de estos periódicos. Sus noticias de portada siempre favorecen a la derecha, a la Patronal o a la Monarquía. Otros muchos titulares van directamente a la crítica del bando enemigo, maximizando sus errores y minimizando o directamente obviando sus aciertos.

Y dirás, sólo te has referido a medios de derechas. De acuerdo, podemos hablar de Ferreras que suele ir más al bando de la izquierda, pero que no dudó en generar bulos contra Podemos antes de las elecciones generales donde podían alcanzar una representación alta. Acaso alguno de los periodistas de "derechas" ha hecho eso alguna vez en contra del candidato del **PP**.

Otros periodistas de La Sexta como Iñaki López, Cristina Pardo o Jordi Évole, lo siento, es mi opinión, creo que reparten manotazos a izquierda y a derecha y se parecen más a lo que yo entiendo como un informador neutral. Quizá a ti no te lo parezca, pero es mi opinión. Ocurre igual con Angels Barceló, muy crítica con la derecha y la ultraderecha, pero también con el PSOE y Podemos. Hay muchas grabaciones que atesoran lo que digo y sin embargo creo que no las hay de Ana Rosa, Inda o Herrera en contra del PP o a favor de Podemos.

En esta pelea desigual, y para acabar, hay que tener en cuenta dónde están audiencias. A día de hoy están en Antena3 y Telecinco y a mucha distancia el resto. En ambas cadenas, sus tertulianos e informadores estrellas son del bando de la derecha y eso conlleva que poco a poco van condicionando la opinión de sus televidentes para, de alguna manera, cambiar la tendencia al voto. Siempre ha sido así, en todas las épocas, pero ahora son medios privados con intereses particulares los que muestran los contenidos que ellos quieren, dan relevancia a las noticias que desean, entrevistan a su antojo y no son justos ni veraces. Tienen un objetivo y trabajan para ello. Si no lo hicieran no estarían dirigiendo esos programas. Seguro que en la escuela de periodismo no les enseñaron a actuar así pero el "Becerro de Oro" es muy goloso, grandes salarios, poder e influencia y control de masas, razones para ellos más que válidas para justificar su falta de ética periodística.

Estoy en contra de toda esta situación, y lo peor, es que no veo que tenga solución.

El fascismo de Hitler manipuló y controló la propaganda y los temas de debate, para una vez alcanzado el poder mantenerlo y hacerlo más fuerte. Por supuesto que la URSS comunista y otros regímenes hicieron lo mismo. Lo peor, es que ahora está volviendo a pasar en zonas y regiones "supuestamente" democráticas. Qué decir de Trump y su control de masas para conseguir que turbas de descerebrados trataran de asaltar el Capitolio en Estados Unidos. Desinformación, falta de debate y veracidad para convertir al ciudadano de a pie en auténticos hooligans seguidores del "elegido". No importa lo que diga, siempre tendrá razón porque es nuestro líder. Ocurrió también en Brasil con Bolsonaro tras perder las elecciones contra Lula Da Silva.

Igual, todos al Congreso porque si no ganan los nuestros no es creíble el resultado.

Y así vemos a día de hoy como ese Populismo de Derechas crece cada día entre PP y Vox. ¿Os imagináis que diría Ayuso si perdiera las elecciones? De hecho, y por si acaso, antes de las elecciones pasadas ya puso en duda el resultado electoral por si no salía como ella quería. Dejó caer posibles manipulaciones electorales, falsedad en el voto por correo y demás dudas que quedan sembradas. Casualidad o no, en cuanto consiguió la mayoría absoluta no se volvió a hablar del tema. Y todo ese lenguaje ruin y manipulador es aplaudido por los medios de comunicación que alientan esas actuaciones porque, no olvidemos, las empresas tienen objetivos y resultados a conseguir y los medios de comunicación son empresas. Desde luego sí parece que les va saliendo bien la jugada.

Temas que independientemente de tu posición política deben hacernos reflexionar y lógicamente tomar posición.

CONTRA LO IMPORTANTE

¿Qué ocurriría si aceptáramos que nada es tan importante y que la vida son realmente dos días? Suena un poco raro, pero realmente nada o casi nada es tan importante. En la historia de la Humanidad nuestro paso por la vida será minúsculo y efímero, apenas una gota en la inmensidad y sin embargo creemos llevar encima de nosotros una pesada carga vital, como si fuéramos los salvadores de este circo. No, realmente no somos tan importantes y tampoco lo son nuestras vidas.

Si echamos la vista atrás y recordamos nuestra niñez y juventud veremos que saboreábamos nuestra dulce felicidad con las amargas preocupaciones del día a día. Siempre las mismas vueltas rondaban nuestra cabeza: seré aceptado en este grupo, seré suficientemente bueno en esta u otra actividad, le gustaré a alguien, aprobaré el siguiente examen.... Y así infinidad de preocupaciones que hoy nos parecen ridículas comparadas con las actuales. Siempre la misma sensación sobre nuestra intranquilidad, la actual, genera más desasosiego que cualquier tiempo pasado. Nuestro malestar laboral parece más intenso que esas preocupaciones infantiles, pero, ¿qué pasará dentro de 30 años cuando consigamos jubilarnos? Recordaremos con ridiculez todos los nervios, estrés y malestar que el trabajo conlleva y parecerán recuerdos antiguos e inquietudes superficiales. Siempre es el mismo guion, debemos entender y aceptar que pasamos la vida preocupados por situaciones que en el futuro ya no parecerán tan importantes, tal y como se viven en el momento presente. Quizá debamos relativizar todo un poco y no tomarnos la vida tan en serio, ni la presente ni la futura. Sería curioso y entretenido recibir escritas nuestras preocupaciones de hace 20 o 25 años. La perspectiva actual comprobaría que en bastantes casos no era para tanto. Como dicen ahora, si el problema tiene solución, para qué preocuparse. Y si no tiene solución, pues ya está, tampoco hace falta preocuparse.

En mi opinión, deberíamos cambiar la pregunta y más
que enfocarnos en qué nos preocupa u ocupa, quizá lo

importante es preguntarnos sobre qué cosas me voy a arrepentir en el futuro. Está claro que en la niñez y adolescencia todos tuvimos problemas y preocupaciones en esas fases difíciles que van cambiando a gran velocidad. Probablemente hoy no nos acordemos de esos problemas que no nos dejaban dormir. Sin embargo, quizá, sí recordamos cosas que no hicimos y nos gustaría haber intentado. Probar un deporte nuevo, viajar más o pedir salir a esa chica que nos gustaba, no lo sé. Por ello, creo que es importante preguntarnos de qué nos vamos a arrepentir en el futuro.

Quizá podemos acordar que estaremos arrepentidos si comprobamos que hemos vivido la vida que los otros querían para nosotros y no la que nosotros deseábamos realmente vivir. Trazar nuestros sueños e intentarlo según los criterios propios es vital. Confundirnos y fallar, pero, vivir tal y como deseamos, son objetivos que debemos haber materializado. Si siempre hemos estado condicionados por los demás, sean nuestros padres, amigos o jefes, nos dejará, probablemente, un poso de amargura en algún momento de nuestra vida.

Salvo honrosas excepciones, quizá nos arrepentiremos de haber trabajado demasiado. Siempre cumpliendo las expectativas de nuestras compañías para optar a mejores salarios o posiciones de influencia. Horas y años dedicados a la empresa que, a la larga y con perspectiva, quizá no hayan compensado el esfuerzo realizado. Porque ese tiempo y energía empleado, se lo has quitado a otras patas de tu vida que también hay que cuidar. Trabajo es dinero, pero también es tiempo que gastamos. ¿Cuánto vale perder parte de la infancia de tus hijos? ¿Podrías poner precio a las palabras de tus pequeños cuando salen corriendo de la escuela para darte un abrazo a la salida? En mi opinión, a qué dedicamos nuestro tiempo sí puede ser una causa de arrepentimiento futuro.

También sentiremos pesar y remordimiento cuando comprobemos todas las veces en nuestra vida que no supimos o tuvimos la valentía de expresar en público nuestros sentimientos o ideas. Por timidez o quizá por evitar conflictos con los demás, no importa el origen, pero ocurre que no gritar nuestros sentimientos a futuro generará rabia y decepción. Verdaderamente, cuando decimos lo que pensamos, a pesar de las consecuencias que pueda conllevar, nos sentimos libres y confiados en nosotros mismos. Y el recuerdo posterior de esa valentía nos seguirá reconfortando siempre que recordemos esas acciones, porque fuimos honestos con nosotros mismos.

Sentiremos tristeza al comprobar como transitamos poco a poco perdiendo el contacto con los amigos. Amistades infantiles o juveniles que fueron tan importantes para desarrollarnos como personas y que con el paso de los años fuimos dejando caer poco a poco, sin pretenderlo, pero, sin defenderlo tampoco. Nos imponemos todo tipo de obligaciones personales y laborales que nos impiden enfocarnos en lo que realmente tiene importancia y al final, llega un día donde lo que sentimos es arrepentimiento. Quizá, en una hoja de papel, confrontar lo que realmente creemos importante para nuestro desarrollo vital frente a los actos que hacemos día a día y que consumen nuestro tiempo, puede ayudarnos a situarnos en el tablero de la vida. Al fin y al cabo, si nuestra vida fuera una empresa, sería hacernos una auditoría interna del estado actual de nuestras metas, objetivos y cualquier elemento importante que consideremos en nuestra vida (pareja, familia, hobbies, salud...). ¿Creéis que pasaríamos la auditoría o por el contrario saldrían no conformidades y puntos de mejora? Depende de nosotros el analizar en qué "gastamos" nuestros días actuales y comprobar si van a ser motivo de arrepentimiento futuro.

Por ello, en este capítulo empezamos reflexionando sobre lo que es importante y cómo debemos relativizarlo. El punto de llegada para mí, es echar la vista atrás y darme cuenta de tantas y tantas situaciones donde me arrepiento de no haber actuado según mis principios y valores. Por vergüenza, timidez, por miedo a las consecuencias o por lo que otros pensarían de mí, realmente da igual la razón, hubo, sobre todo, situaciones que me llevaron a no actuar. Hoy es el día que no me arrepiento de lo que hice, aunque saliera rematadamente mal. Por el contrario, sí echo de menos haber actuado en situaciones en las que me quedé parado o miré para otro lado. Dejar la vida pasar sin ser tú el protagonista de esta película no es muy recomendable si queremos estar orgullosos el día que miremos hacia atrás. Quizá analizando ese pasado erróneo seamos capaces de no seguir cometiendo errores de los que arrepentirnos dentro de unos años.

EL INTERÉS PERSONAL

La evolución del ser humano nos va llevando a primar, cada vez más, nuestros objetivos personales frente a los comunes. Se ha puesto de moda hablar y centrarnos más, en realzar tus metas propias. Da igual que hablemos de finanzas, salud, capacidades deportivas, puesto laboral, automóvil o vacaciones. Parece que todo nuestro mundo gira sobre nuestros retos personales. ¿Seré capaz de acabar un maratón, lograré ese ascenso anhelado o conseguiré ser bueno en yoga o meditación? Da la impresión que como sociedad hemos ido alcanzando los mínimos necesarios comunes para desarrollarnos. Al menos en los países occidentales disponemos de una Sanidad, Educación, Servicios y atención necesarios para poder obviarlos y así, centrarnos en nuestros objetivos personales. Hablo de una sociedad cada vez más egoísta e individualista, que persigue unas metas propias y no compartidas con los demás. No importa pasar por encima de quien haga falta para alcanzar mis objetivos personales y únicos.

Esto mismo ocurre con las empresas donde trabajamos. Su objetivo único es alcanzar fuertes beneficios, sin importar los medios empleados. No es nada nuevo, esto ya lo dijo en el siglo XVI Maquiavelo hablando de cómo el fin justificaba los medios empleados para conseguirlos. Empresas que hablarán de biodiversidad, medio ambiente, ayuda a la comunidad local, o cualquier tipo de propaganda superficial y la usarán para alcanzar sus ansiados beneficios. No digo que haya empresas que no colaboran con el medio ambiente, por poner un ejemplo, lo que creo que ocurre es, que lo hacen por necesidades legales y sobre todo porque creen que vendiendo esa imagen "correcta" conseguirán más clientes y así finalmente más beneficios. Si no fuera obligatorio hacerlo o no les beneficiara de alguna manera, ten por seguro, que no perderían el tiempo en ello.

Es curioso cómo hablamos de cambio climático o daños irreversibles para el planeta, pero las organizaciones que todos conocemos se inhiben y buscan su interés "personal" frente al bien común. ¿Acaso es necesario seguir fomentando la moda textil, cambiando las prendas casi cada semana en las tiendas, cuando todos sabemos el daño que hace al planeta y la ingente cantidad de recursos que se destinan para ello? Ocurre con todo tipo de empresas: constructoras, alimentación, petroleras, automóviles... Probablemente, casi todos estaríamos de acuerdo en que decrecer o al menos no seguir creciendo al ritmo actual, sería bueno para el planeta, pero el bien común no nos interesa y cada empresa sigue apostando por mantener sus beneficios años tras año.

Como hemos visto, tanto nosotros a título individual como las empresas donde trabajamos, perseguimos los mismos intereses personales y únicos. Una lucha desigual entre lo que beneficiaría a la mayoría frente a nuestros deseos personales.

En política se puede apreciar si cabe aún mejor este ejemplo. Se supone que todos los parlamentarios buscan avanzar en beneficio de un mejor país, región o ciudad. Los ciudadanos les votamos para que ellos ejerzan esa responsabilidad de representarnos y mejorar nuestro modo de vida. Por el contrario, lo que veo continuamente, es el uso partidario de una situación "personal" que nos perjudica a todos. Los gobernantes, que lo son por un periodo de tiempo limitado, trabajan con el único objetivo de perpetuarse en el poder. No acometerán actuaciones necesarias para todos si creen que eso les puede afectar negativamente en una bajada de intención de voto. Igualmente aprobarán y ejecutarán leyes y presupuestos superficiales y absurdos siempre y cuando crean que les va a conllevar un aumento en el número de electores. En resumen, gobernantes que pelean por su interés personal y de su partido, frente al bien común, no quieren avanzar, sólo alcanzar y mantener el poder.

Esta situación totalmente egoísta también ocurre con los partidos que están en la oposición. Jamás apoyarán leyes o propuestas que entiendan que, aun siendo buenas para los ciudadanos, favorezcan los intereses del partido en el poder. A ese juego ellos no van a entrar y su única misión será durante toda la Legislatura poner todos los palos posibles en las ruedas que se vayan encontrando para derribar al partido que detenta el poder. Políticos sin escrúpulos que sólo miran su beneficio de partido aún a costa de perjudicar al pueblo que dicen representar. Creo que no es necesario poner ejemplos porque en cada pueblo, ciudad, Comunidad o Gobierno lo vemos día a día. Si en temas tan delicados como la Educación, Sanidad, Terrorismo o la pandemia de Covid 19, no han sido capaces de remar en sintonía, es normal que en la pelea dialéctica y los temas menores nunca trabajen juntos para llegar a las mejores soluciones.

En resumen, una sociedad que funciona mirándose su propio ombligo, aplaudiendo los logros personales cometidos y valorando en la balanza vital tu éxito o fracaso en función de sus propias vivencias. Si nuestros bisabuelos levantaran la cabeza creo que sentirían tristeza de ver en lo que nos estamos convirtiendo. No tengo ninguna duda que ellos valoraban más que nosotros a su familia, vecindario... incluso a su país y no trataban de alabar y engordar su propio ego como objetivo de vida. Frente al egoísmo vital, luchaban por mejorar el día a día de las personas que compartían su vida y, probablemente, alcanzaban estados de felicidad superiores a los nuestros, aunque sus recursos fueran mucho más limitados que los que disfrutamos hoy en día.

PUBLICIDAD

Como idea o concepto, si hablamos de publicidad nos referimos a una forma de comunicación ejercida como medio de actividad comercial para promover de forma directa o indirecta la contratación de bienes, servicios o derechos. Hasta aquí hablaríamos de la definición teórica. Este tipo de comunicación, como cualquier otro tipo, cuando se basa en mentiras, medias verdades, ocultación de información relevante o manipulación pasa a ser una estafa. De este tipo de publicidad es de la que vamos a hablar. En mi opinión, la publicidad vende productos basados en ilusiones que se encuentran muy alejados de la realidad. La gente que tú conoces no sale en los anuncios. Vemos personas guapas, esbeltas y atractivas, divertidas y creativas, en entornos ideales asumiendo situaciones irreales a la vez que fantasiosas. Te acercan a situaciones idílicas que nunca has vivido, pero que tu cabeza siente que sí podrían pasar

Coches maravillosos que circulan por calles sin tráfico en ciudades sin polución, con vecinos felices y aparcamiento dónde y cuándo quieres. Hijos felices en los asientos de atrás que no preguntan cuánto queda para llegar. Consumos falsos y mucha letra pequeña que acompaña el anuncio de forma que no lo puedas leer, ni siquiera plantear.

Anuncios de bancos donde los préstamos no parecen abusivos, a pesar de serlos. Te hablan de tus sueños, el esfuerzo común, tus deseos, música motivadora... pero las cuotas de tu hipoteca, si es que te la dan, te impiden desarrollarte personalmente y te quedas estancado en años de pagos y falta de ahorros. Pero, en el anuncio se refleja un futuro prometedor, no se habla de listas de morosos, o las subidas exageradas del Euribor que te suben la cuota. Anuncios bancarios que no cuestionan los beneficios desorbitados que se obtienen o los sueldos, bonus y pluses que inundan la cuenta corriente de los directivos de la compañía.

Ropa o perfumes que prometen llevarte a estados místicos alejados de tu realidad y diferenciados de tu triste rutina diaria. Ambientes sugerentes, risas y felicidad, atractivo sexual o imágenes de rebelión y libertad. Nada realmente que tenga que ver con el producto que te proponen comprar. Y así, año tras año, siendo engañado y sabiéndolo, pero aun así, seguimos comprando esos productos para sentirnos "diferentes" al resto.

Compañías de alarmas que generan un miedo constante para asegurarse la contratación de sus servicios. Si no existe una necesidad lo que hay que hacer es inventarla o agrandarla, para que el temor pueda convertirse en jugosas plusvalías. Así, vemos a los medios hablar de robos, violencia, ocupaciones ilegales o atracos, de forma continua en el tiempo, día tras día, hasta que lo aceptamos como algo real en nuestras vidas y que, sin embargo, las estadísticas indican que no es así. Infundir miedo a cambio de obtener negocio. ¿Debe ser esa la labor de la publicidad?

Realmente es igual el anuncio que surja ante tus ojos. Si lo atiendes de manera objetiva comprenderás las mentiras que te ofrecen. El objetivo es persuadir, bajar tus defensas y propiciar la compra o contratación. No juegan con tus necesidades sino con tus emociones para impulsarte a compras innecesarias que se supone te van a hacer sentir especial. Y cuando lo compras, ¿sientes algo parecido a lo que te prometían? Ya sabemos que no y entonces, buscamos un nuevo producto para alcanzar ese estado irreal. No deja de ser la zanahoria que jamás llega a alcanzar el burro, pero que no deja de intentarlo. Un ejemplo más del fin buscado sin importar los medios empleados. Y no debería ser así...

¿Alguna vez te has parado a pensar cuánta televisión o anuncios ves u oyes? Teniendo en cuenta la disparidad de aparatos móviles con pantalla que usamos diariamente, los estudios hablan que a lo largo de nuestra vida pasaremos casi 10 años visualizando pantallas de televisión o móviles. Y de esos 10 años, 2 será consumiendo publicidad. Quizá, es en este momento, donde deberías parar y analizar este dato. Imagina pasar los dos próximos años de tu vida tan sólo viendo publicidad. Realmente es de locos un dato así y lo triste, es que es un dato real.

Poco parece que podamos hacer contra esta invasión silenciosa. Antes la publicidad aparecía en anuncios que surgían en las paradas de los programas, pero cada vez más los propios medios incluyen publicidad encubierta, anuncios exprés o como ellos mismos denominan "espacios patrocinados" dentro de las emisiones. Realmente, ahora los programas son el contenido que hay entre los anuncios. Continuamente, a modo de tela de araña de la que no se puede salir, porque son los verdaderos propietarios de los medios. Es la publicidad la que deja el dinero encima de la mesa para que se hagan programas y por tanto cuanta más audiencia se genere más se pagará por la publicidad.

Reflexionar sobre esta situación nos puede ayudar a no ser dirigidos por estas falsas promesas que nos invaden. Te aseguro que es importante que las decisiones comerciales que tomes las elijas tú, te generará un mayor bienestar frente a los momentos en que te das cuenta de cómo has sido manipulado por la publicidad para adquirir aquello que no querías y mucho menos necesitabas.

LOS PRIVILEGIOS

Nos venden una sociedad justa y equilibrada basada en un Estado de Derecho con igualdad de oportunidades para todos. Nos "convencen" con una Carta de Derechos Humanos repleta de frases grandilocuentes y vacías de contenido. Y es mentira, porque no es justa esta sociedad y además se basa en privilegios que los beneficiados tratan de mantener. El dinero marca el camino y decide quién es o no clase alta privilegiada. Grupos que mantienen su inmunidad para perpetuarse en el poder a costa de clases oprimidas sin apenas oportunidades de prosperar. Y así desde el principio de los tiempos, una y otra vez.

Un ejemplo podría ser el uso partidista de la Justicia. Fácilmente se comprueba cómo los Órganos de Control de los jueces y aquellos que alcanzan los puestos más influyentes son personas adineradas, de familias "importantes" que alcanzan esa cima al ser colocados por los círculos de poder que quieren mantener su estatus. Es sencillo comprobar su currículo para ver claramente cuáles son sus orígenes. Si realmente hubiera Igualdad de oportunidades esto no sería así, encontraríamos una pluralidad en sus miembros. Pero no, los Jueces son elegidos en parte ya desde el Congreso y el Senado, es decir, partidos políticos que influyen en la Justicia para mantener sus privilegios. Grandes familias políticas que deciden quién ocupa los cargos. Para que quede claro, políticos privilegiados que eligen a jueces privilegiados para mantener esos privilegios. Entre pillos anda el juego y no importa el color del partido.

Igualmente, comprobamos que la Justicia es enrevesada y difícil de entender para muchos ciudadanos. Para ir a los tribunales necesitas contratar abogados, entender sus mecanismos o abonar los gastos procesales. Como es el dinero el que llama al dinero son esas clases privilegiadas y adineradas las que más usan estos servicios, amenazando con querellas, burofaxes y demás, para conseguir sus objetivos. El ciudadano medio apenas va a juicios salvo casos de causa mayor. No puede permitirse jugar a este juego de ricos. Cuántas veces oímos a las celebridades atacarse con querellas o dando entrevistas a la puerta de los juzgados. Son ellos lo que se lo pueden permitir porque, en mi opinión, la justicia está orientada para servir a las clases dirigentes. Sigamos, ¿cuántas veces los partidos recurren las Leyes aprobadas al Tribunal Supremo o Constitucional?, la razón es clara, porque lo pagamos entre todos. La política entiende desde el principio que lo que es mío es mío, pero lo que es de todos también es mío.

También contra los privilegios de la Sanidad y Educación privada. Sistemas que nacen con aportaciones públicas para su creación y mantenimiento, pero que cuando están en marcha piden aportaciones para su uso. Lo público crea el sistema para ser posteriormente privatizado y servir de disfrute para las clases adineradas. Lógicamente, sólo las clases pudientes se lo pueden permitir y así se crean núcleos de poder desde las escuelas y universidades. Amigos de pupitre que posteriormente lo serán en política o negocios. Universidades que no representan la pluralidad de un país. Acaso creéis que, por ejemplo, en la Universidad de Navarra (Opus Dei), van inmigrantes de clase baja o hijos que han pasado todos sus estudios sustentados por becas. Es fácil darse una vuelta por el Campus para comprobar que esa sociedad que ahí se genera está compuesta de clases privilegiadas que sólo oyen hablar de Justicia Social como una retórica de sus horas de misa. Sin igualdad no hay justicia y esa Educación privada es para ricos y por tanto yo no la defiendo. Guetos a la inversa donde no se representa la pluralidad de la sociedad.

Ocurre igualmente en los Hospitales privados, tipo Quirón. Cuando acudes a cualquier cita te das cuenta que sus usuarios no son los mismos que las personas que ves en la calle. No hay mestizaje, no hay pobreza ni clases deprimidas. Pacientes de clase media-alta privilegiados por un sistema injusto. Ellos lo defienden por la cuota que pagan, pero cuando un alto porcentaje de la población no se lo puede permitir no es justo, son privilegios para las clases pudientes.

También contra la información privilegiada. Acaso no vemos cada día cómo políticos y empresarios se unen y enredan entre sí para proponer negocios, adjudicaciones, recalificaciones o pelotazos de cualquier tipo donde ellos se van enriqueciendo a costa de sueldos y presupuestos públicos. Si estás leyendo este libro seguramente nunca hayas recibido ningún tipo de información privilegiada para hacer un gran negocio. Yo tampoco. Acaso no crees que las personas que detentan el poder no las han recibido. Claro que sí.

Contrario a los privilegios de la Monarquía. Aún en el siglo XXI aceptamos que la sangre y el parentesco sea fuente de poder y privilegio. Medios de comunicación que mantienen pleitesía a reyes y reinas y forman parte de las clases dirigentes que tan sólo buscan mantener su posición. Favores a cambio de favores, hoy por ti y mañana por mí, puertas giratorias y mil caminos para seguir aumentando las diferencias entre clases sociales.

En contra de mantener los privilegios de los de siempre. La raza blanca, cristiana y heterosexual es la que ha mantenido el poder en Europa durante siglos. La consecuencia todos lo hemos visto y lo seguimos viendo por desgracia a día de hoy. Racismo frente a las personas de color, razas árabes, gitanas o cualquiera que sea diferente y pobre. Si tu color de piel no es la blanca sabrás de lo que hablo, porque probablemente habrás sufrido situaciones de racismo y xenofobia, te habrás sentido humillado u olvidado, tu diversidad habrá sido perseguida y criticada. Igual ocurre con todo el colectivo LGTBI que en un gran porcentaje se ha sentido perseguido, también hoy en día. Ocultar tu condición o tener que escapar tan sólo por ser como eres. Si eres, como yo, blanco y heterosexual, no podemos entender el desprecio y las zancadillas que todos estos colectivos reciben. Pensamos que pasa poco o sólo de vez en cuando. Creo que no es así, y por ello desde estas líneas, peleo por eliminar estos privilegios de la clase favorecida.

Es gracioso ver como políticas como Díaz Ayuso afirman que "no hay clases sociales" al definir la realidad actual. Es una historia que se repite hasta la saciedad. Son la clase dirigente, los que tienen privilegios y los que quieren mantener su alto estatus los que dicen que no hay clases desfavorecidas. El día que oiga declaraciones similares a los jornaleros, las "kellys" o las personas que guardan fila en un Hogar Social quizá empiece a creer a estos políticos de usar y tirar. Como siempre, las personas vulnerables son las que lo sufren, primero por sus problemas personales y sociales, pero también porque se sienten olvidados, no importan a nadie y parecen almas fantasmagóricas que habitan sin el consuelo de aquellos que deberían ayudarles y protegerles.

Son muchas las formas de privilegios que siguen habitando en la sociedad. Lo único que podemos hacer es darnos cuenta de esta realidad y empezar a cambiar. Idolatrar al poderoso, al que nos enseña su casa de ensueño en la revista "Hola", al político que busca su reconocimiento personal... debe ir poco a poco acabando.

LOS DERROTADOS

¿Por qué no solemos hablar de los cadáveres que quedan en el camino? El foco mediático elige siempre aquello que se quiere iluminar, pero también existe la oscuridad, la derrota, el fin. Dos caras de la misma moneda donde sólo brilla una. No es fácil conocer las dos partes porque implica querer empatizar con el fracasado y penetrar en su penumbra, y eso, normalmente, no suele pasar.

Esta vida es un Ying-Yang donde todo se retroalimenta y por cada brote verde veremos otro de dolor y miseria. Cada triunfo deja perdedores, el que gana lo hace siempre sobre un perdedor y la victoria tiene como alfombra los huesos de la derrota. Ocurre en las guerras, donde los derrotados quedarán señalados como los culpables y responsables de todo mal, frente al bando victorioso, que será elevado a los altares. Siempre la misma inercia de ganadores y perdedores.

Adoramos a futbolistas y equipos en la nueva religión del siglo XXI. Millones de euros repartidos entre pocas personas a las que adoramos y veneramos como semi dioses. Que generen esos millones no puede justificar la legitimidad de sus salarios y su ritmo de vida tan artificial como amoral. Parece que no importan ya los muertos que fallecieron en el Mundial de Catar al construir los estadios del evento planetario. Perdedores en un universo de cifras inimaginables, que hoy, son apenas recuerdos de sus familias destrozadas. Perdedores son la malsana competencia entre chavales para llegar a ser iluminado por el foco, las ruinas generadas por las casas de apuestas que participan en esta secta o el tiempo que ocupa en nuestra vida y que impide hacer florecer otros hobbies o intereses. Claramente el triunfo del fútbol deja muchos damnificados.

Empresarios y políticos que en sus convenciones deciden las condiciones laborales y económicas de sus trabajadores. Jornaleros derrotados para que sus patrones puedan vencer y alcanzar su propia gloria. Empresas con cifras trimestrales que baten record tras record pero que se diluyen, para apenas llegar a los trabajadores que realmente las han generado. Muchos perdedores, casi todos lo somos, pero que, sin embargo, seguimos idolatrando a esos pocos que pudieron pasar al otro lado y vivir vidas que no eres si quiera capaz de imaginar. Estrellas, nietos de reyes o hijos de empresarios son aclamados por millones de seguidores en sus cuentas de Instagram y pasan a ser los nuevos divos de esta sociedad idiotizada. El esfuerzo, la empatía o la capacidad son valores que ya sólo pertenecen a los perdedores. Ser el hijo de "alguien" es el camino más habitual; las marcas más ilustres se rifan a la hija del Marqués para mantener sus privilegios y crear imágenes superficiales de un éxito tan vacío como tu cuenta corriente.

Guerras comerciales donde el perdedor siempre es el mismo. Beneficios industriales que crecen en abundancia pero que no redundan en el peón que ejecuta la faena.

Perdedores son los emigrantes que cuidan de nuestros mayores a cambio de un salario en "B". Limpian, cocinan, recogen, mueven y atienden por mínimos salarios mientras sus "dueños" se auto engañan creyendo que ayudan a estas personas. No, en absoluto, mantenemos esta miseria para que los de siempre sigamos en lo alto a costa de pisotear al débil. Les vendemos nuestros apartamentos viejos, les regalamos la ropa que ya no queremos por pasarse de moda, les damos pequeños beneficios y por detrás criticamos su religión y costumbres. La ultraderecha no quiere emigrantes pobres, pero sí que trabajen en el campo, reformen sus casas y atiendan a sus mayores. Hipocresía en estado puro.

Derrotados son los ancianos en residencias donde ven sus derechos relegados casi a la caridad. Mala comida, poca atención y pobres servicios en negocios muy lucrativos para los empresarios. Es muy fácil aprovecharse de mayores enfermos, con su capacidad menguada y sin fuerzas ya para protestar o pelear. Y lo saben los dueños y los políticos que lo permiten;

pero el dinero escaso de estos residentes es el que limita sus derechos vitales obligando al resto a retirar la mirada, para no sentir aún más vergüenza de nosotros mismos.

Derrotados son los chavales que sufren bullying mientras sus acosadores ríen sus gracias; como los serviles que permiten sus acciones y los que las aplauden o incluso las conocen, pero callan, siendo encubridores de un delito. Acosadores que entienden el mundo desde jóvenes como un escenario donde unos ganan frente a otros. Una batalla injusta donde muchos hacen daño a pocos y donde queda un mensaje eterno, que seguirán repitiendo en su propia familia o en su ámbito laboral. Ser aquí un perdedor es duro porque estás sólo, nadie ofrece un hombro de apoyo por miedo a acabar siendo el siguiente, en la cadena de humillaciones y violencia. Dolor que puede acabar con trauma para el resto de tu vida o incluso suicidio. Es triste comprobar como mucha gente ha acosado o ha sabido que se acosaba y ha mirado para otro lado por miedo a las consecuencias o al poder innato del acosador.

Perdedores que trabajan para sacar sus vidas y familias adelante. No conocen la alegría o la suerte porque siempre toca en el otro barrio. Deudas inasumibles que impiden levantar la cabeza y ser persona. Gritos silenciosos y humillaciones que queman su cabeza, pero que quedan silenciados en tus labios. Nunca una queja o voz discordante, trabajo y silencio hasta que el cuerpo aguante. Sólo hay que recordar la miseria que sufrieron los derrotados de la Guerra Civil, pasando hambre física y humillaciones y desprecio por el ganador. Hermanos contra hermanos donde la Humanidad pierde su condición. Si no fuiste de mi bando eres un perro miserable que debes dar gracias por pisar el mismo suelo que yo. Tristeza de sentir cómo esos derrotados acabaron sus vidas con la pequeña y única ilusión de pensar que sus hijos no iban a repetir su dura existencia.

Derrotados que siempre existirán porque siempre habrá triunfadores. Ojalá lleguemos a algún punto dónde ganar no signifique perder; y se pueda avanzar en cierta armonía y beneficio mutuo. Derrotados a los que dedico estas pequeñas líneas.

DESPDIDA

Tan sólo queda agradecerte, si has llegado hasta aquí, la lectura de este libro. Como habrás comprobado, no deja de ser un listado de temas y preocupaciones que, supongo, de alguna manera nos afecta a todos.

Incluyo muchas opiniones personales que, probablemente, no coincidan con las tuyas. Admito mi posible error y te pido disculpas si en algún caso, te has podido sentir dolido. Desde luego no era mi intención.

Por último, reiterar las gracias y pedirte, si así lo consideras, una pequeña reseña en Amazon o donde sea, para apoyar este libro. Es de gran ayuda.

Otros títulos publicados por Andrea Ray Heredero

Reflexiones sobre el silencio.

Veinte desafíos sobre los que actuar ya.

No sé lo que quiero ser y otros relatos.

Reflexiones sobre el Juego del Calamar.

Reflexiones sobre la felicidad.

Messi, campeón mundial.

CONTACTO

andrearay1717@gmail.com

Este libro acabó de escribirse en Julio 2023.

9 798851 309915